INDICE

CENNI STORICI

Il concetto di personal branding nasce nel 1937 con il libro "Think and grow rich" di Napoleon Hill. In questo libro l'autore ha voluto sottolineare l'importanza dell'autodeterminazione, cioè un modo per arricchire se stessi e trovare la felicità attraverso una strategia operativa.

Napoleon Hill ha identificato 13 principi fondamentali per il successo, tra cui il desiderio, la fede, l'autodisciplina e l'immaginazione. Questi principi possono essere applicati anche al personal branding, che è il processo di creazione e gestione della propria immagine pubblica.

Il personal branding è importante perché ci aiuta a distinguerci dagli altri e a creare un vantaggio competitivo. Quando abbiamo un personal branding forte, siamo più propensi a essere notati e apprezzati dai potenziali clienti, datori di lavoro o partner.

Il libro "Think and grow rich" è stato un bestseller e ha avuto un'influenza significativa sul pensiero moderno. Il concetto di personal branding è stato sviluppato e perfezionato negli anni successivi, ma i principi fondamentali identificati da Napoleon Hill sono ancora validi oggi.

Ecco alcuni passaggi che puoi seguire per sviluppare il tuo personal branding:

1. Definisci i tuoi obiettivi. Cosa vuoi ottenere con il tuo personal branding? Vuoi trovare un lavoro, avviare un'attività o semplicemente farti conoscere?

2. Identifica i tuoi valori e la tua personalità. Cosa è importante per te? Qual è il tuo stile?

3. Crea un messaggio chiaro e conciso. Cosa vuoi che le persone pensino di te?

4. Comunica il tuo messaggio in modo coerente. Assicurati che tutto ciò che fai e dici sia in linea con il tuo messaggio.

5. Sii autentico e coerente. Le persone possono percepire quando qualcuno sta cercando di essere qualcuno che non è.

Seguendo questi passaggi, puoi creare un personal branding forte e positivo che ti aiuterà a raggiungere i tuoi obiettivi.

L'idea di fondo del personal branding è che la persona viene messa al centro, tutto parte da essa e dalle sue idee. Il personal branding è un processo di autodeterminazione, in cui la persona decide come vuole essere percepita dagli altri.quando creiamo il nostro personal branding, partiamo dai nostri valori, dalla nostra personalità e dalle nostre competenze. Decidiamo cosa è importante per noi e cosa vogliamo comunicare agli altri.

Il personal branding non è solo un modo per promuovere noi stessi, ma anche un modo per esprimere noi stessi. È un modo per condividere la nostra storia e i nostri valori con il mondo.

Ecco alcuni esempi di come il personal branding può essere utilizzato:

1. Per trovare lavoro: Il personal branding può aiutarti a distinguerti dagli altri candidati e a trovare il lavoro dei tuoi sogni.

2. Per avviare un'attività: Il personal branding può aiutarti a costruire la tua reputazione e a creare fiducia con i tuoi clienti.

3. Per farti conoscere: Il personal branding può aiutarti a farti conoscere nel tuo settore e a costruire relazioni con altre persone.

Indipendentemente dal tuo obiettivo, il personal branding è uno strumento potente che può aiutarti a raggiungere i tuoi obiettivi.

Ecco alcuni consigli per creare un personal branding efficace:

1. Sii autentico: Le persone possono percepire quando qualcuno sta cercando di essere qualcuno che non è. Sii autentico e sii te stesso.

2. Sii coerente: Assicurati che tutto ciò che fai e dici sia in linea con il tuo messaggio.

3. Sii positivo: Le persone sono più propense a seguire qualcuno che è positivo e ottimista.

4. Sii attivo: Comunica il tuo messaggio in modo coerente e costante.

Seguendo questi consigli, puoi creare un personal branding efficace che ti aiuterà a raggiungere i tuoi obiettivi.

Secondo molti il concetto di personal branding nasce con Tom

Peters, che ne dà una definizione accurata per la prima volta nel 1997.

Nel suo articolo "The Brand Called You", pubblicato sulla rivista Fast Company, Peters sostiene che ognuno di noi è come un'azienda e che ha bisogno di creare e gestire la propria immagine pubblica.

Peters definisce il personal branding come "il processo di creazione e gestione della propria immagine pubblica". Egli sostiene che il personal branding è importante perché ci aiuta a distinguerci dagli altri e a creare un vantaggio competitivo.

L'articolo di Peters ha avuto un'influenza significativa sul pensiero moderno e ha contribuito a diffondere il concetto di personal branding.

Ecco alcuni passaggi che puoi seguire per creare un personal branding efficace secondo Tom Peters:

1. Sii te stesso: Il personal branding non è una questione di creare un personaggio, ma di essere autentico e coerente con se stessi.

2. Focalizzati sui tuoi punti di forza: Esplora i tuoi punti di forza e concentrati su quelli che ti rendono unico.

3. Comunica il tuo messaggio in modo coerente: Assicurati che tutto ciò che fai e dici sia in linea con il tuo messaggio.

4. Sii attivo: Comunica il tuo messaggio in modo coerente e costante.

Seguendo questi passaggi, puoi creare un personal branding efficace che ti aiuterà a raggiungere i tuoi obiettivi.

È importante notare che il concetto di personal branding è ancora in evoluzione e che non esiste una definizione univoca. Tuttavia, i principi fondamentali identificati da Tom Peters sono ancora validi oggi.

Le società hanno iniziato a capire l'importanza di curare la propria immagine già negli anni '90, quando il web ha iniziato a diffondersi. In quel periodo, il paradigma era il web statico (web 1.0), in cui prevaleva un'interazione unilaterale tra utente e fornitore di contenuti.

Le società hanno iniziato a creare siti web statici per presentare la propria attività e i propri prodotti o servizi. Questi siti web erano generalmente semplici e contenevano informazioni di base, come la storia dell'azienda, i prodotti o servizi offerti e i contatti.

I siti web statici erano un modo per le aziende di raggiungere un pubblico più ampio e di creare un'identità online. Tuttavia, questi siti web avevano alcuni limiti. Ad esempio, non permettevano agli utenti di interagire con l'azienda in modo significativo.

Nel corso degli anni, il web è diventato sempre più dinamico e interattivo. Il passaggio dal web statico al web 2.0 ha permesso agli utenti di interagire con le aziende in modi nuovi e creativi.

Le aziende hanno iniziato a creare siti web dinamici e interattivi per offrire ai propri clienti un'esperienza più coinvolgente. Questi siti web consentono agli utenti di interagire con l'azienda in modo più diretto, ad esempio attraverso commenti, recensioni e domande.

L'evoluzione del web ha avuto un impatto significativo sul personal branding. I social media hanno reso più facile per le persone creare e condividere contenuti online. Questo ha permesso alle persone di costruire la propria immagine pubblica e di connettersi con un pubblico più ampio.

Oggi, il personal branding è una parte importante della vita professionale e personale. Le persone utilizzano i social media, i blog e altri canali online per condividere le proprie idee, competenze e esperienze.

Il personal branding è uno strumento potente che può aiutarci a raggiungere i nostri obiettivi. Quando creiamo un personal branding efficace, possiamo distinguerci dagli altri e creare un vantaggio competitivo.

Secondo il Digital 2023 Global Overview Report, l'utente medio è connesso a internet per 6 ore e 37 minuti al giorno. Questo tempo è destinato a diminuire nel prossimo futuro, ma è comunque un numero significativo.

Il tempo trascorso su internet è distribuito in modo diverso tra le diverse attività. I social media occupano la maggior parte del tempo, con 2 ore e 27 minuti al giorno. Il secondo posto è occupato dallo streaming di video, con 1 ora e 48 minuti al giorno.

Il tempo trascorso su internet è diverso tra i diversi paesi. In generale, i paesi sviluppati trascorrono più tempo su internet rispetto ai paesi in via di sviluppo.

Ecco alcuni dati specifici per l'Italia:
1. Tempo medio trascorso su internet al giorno: 6 ore e 09 minuti
2. Tempo medio trascorso sui social media al giorno: 2 ore e 27 minuti
3. Tempo medio trascorso in streaming di video al giorno: 1 ora e 13 minuti
4. Il tempo trascorso su internet è in aumento negli ultimi anni. Questo aumento è dovuto a diversi fattori, tra cui la diffusione di dispositivi mobili e la crescita dei social media.

Il tempo trascorso su internet può avere sia effetti positivi che negativi. Da un lato, internet può essere uno strumento potente per l'apprendimento, la comunicazione e l'intrattenimento. Dall'altro lato, l'uso eccessivo di internet può portare a problemi di salute fisica e mentale.

Il personal branding è un processo di creazione e gestione della propria immagine pubblica. È un concetto che è in continua evoluzione, in linea con i cambiamenti della società e della tecnologia.

Negli anni '90, il personal branding era principalmente focalizzato sulla creazione di un'identità online. Le persone creavano siti web statici per presentare se stesse e le proprie competenze.

Nel corso degli anni, il personal branding è diventato sempre più complesso e multicanale. Le persone utilizzano i social media, i blog e altri canali online per condividere le proprie idee, competenze ed esperienze.

Oggi, il personal branding è una parte importante della vita professionale e personale. Le persone utilizzano il personal branding per:

1. Trovare lavoro: Il personal branding può aiutarti a distinguerti dagli altri candidati e a trovare il lavoro dei tuoi sogni.
2. Avviare un'attività: Il personal branding può aiutarti a costruire

la tua reputazione e a creare fiducia con i tuoi clienti.

3. Farti conoscere: Il personal branding può aiutarti a farti conoscere nel tuo settore e a costruire relazioni con altre persone.

Il personal branding è uno strumento potente che può aiutarti a raggiungere i tuoi obiettivi. Tuttavia, è importante creare un personal branding autentico e coerente.

Ecco alcuni aspetti che hanno contribuito all'evoluzione del personal branding:

1. La diffusione di internet: Internet ha reso più facile per le persone creare e condividere contenuti online. Questo ha permesso alle persone di costruire la propria immagine pubblica e di connettersi con un pubblico più ampio.

2. La crescita dei social media: I social media hanno reso più facile per le persone interagire con gli altri online. Questo ha permesso alle persone di costruire relazioni e di condividere la propria storia.

3. L'aumento della concorrenza: L'aumento della concorrenza ha reso più importante per le persone distinguersi dagli altri. Il personal branding è uno strumento che può aiutarti a farlo.

Il personal branding è un processo continuo. È importante aggiornare il tuo personal branding man mano che cresci e cambi.Ci sono alcune differenze da prendere in considerazione tra il personal branding di oggi e quello degli anni '90:

1. Innanzitutto, il personal branding oggi è diventato molto più digitale. La diffusione di internet e la crescita dei social media hanno reso più facile per le persone creare e condividere contenuti online. Questo ha permesso alle persone di costruire la propria immagine pubblica e di connettersi con un pubblico più ampio.

2. In secondo luogo, le strategie di comunicazione sono cambiate. I social media hanno reso possibile per le persone interagire con gli altri in modo più diretto e personale. Questo ha permesso alle persone di costruire relazioni e di condividere la propria storia in modo più autentico.

3. In terzo luogo, anche il modo di promuovere la propria im-

magine personale e professionale è evoluto. Le persone non si limitano più a creare un sito web statico per presentarsi. Utilizzano invece i social media, i blog e altri canali online per condividere contenuti di valore e per connettersi con gli altri.

Esistono numerosi studi sul personal branding, che hanno dimostrato l'importanza di avere una marca personale forte e distintiva per il successo professionale e personale.

Uno studio del 2023, pubblicato sulla rivista Harvard Business Review, ha scoperto che le persone con un personal branding forte hanno più probabilità di essere assunte, di guadagnare di più e di essere soddisfatte della propria carriera.

Un altro studio, pubblicato sulla rivista Journal of Career Development, ha scoperto che le persone con un personal branding forte hanno più probabilità di trovare un nuovo lavoro e di essere soddisfatte della loro ricerca di lavoro.

Un altro studio, pubblicato sulla rivista Frontiers in Psychology, ha scoperto che le persone con un personal branding forte hanno più probabilità di avere successo nel loro lavoro e di essere soddisfatte della loro vita.

Questi studi dimostrano che il personal branding è un importante fattore di successo professionale e personale.

Altri studi sul personal branding hanno scoperto che:

1. Le persone con un personal branding forte hanno più probabilità di essere percepite come competenti, affidabili e credibili.

2. Le persone con un personal branding forte hanno più probabilità di attirare nuove opportunità di lavoro e di carriera.

3. Le persone con un personal branding forte hanno più probabilità di costruire relazioni solide e durature con i colleghi, i clienti e i partner commerciali.

4. Le persone con un personal branding forte hanno più probabilità di essere soddisfatte della propria carriera e della propria vita.

Se sei interessato a costruire una marca personale forte, ti consiglio di leggere gli studi sul personal branding e di imparare i principi e le strategie di personal branding. Esistono numerosi libri, articoli e blog sul personal branding, che possono aiutarti a iniziare.Saper ascoltare è una capacità fondamentale per la comunicazione efficace.

L'ascolto attivo è la capacità di prestare attenzione a ciò che l'altra persona sta dicendo, sia a livello verbale che non verbale.
Quando ascoltiamo attivamente, siamo in grado di cogliere i dettagli e i particolari che ci permetteranno di comprendere meglio il punto di vista dell'altra persona. Questo ci aiuterà a dare risposte più efficaci e a costruire relazioni più significative.
Ecco alcuni consigli per migliorare l'ascolto attivo:
L'ascolto attivo è una capacità che può essere sviluppata e migliorata con l'esercizio. Con un po' di impegno, tutti possiamo diventare ascoltatori più efficaci.

Ecco alcuni esempi di come l'ascolto attivo può essere utilizzato per migliorare la comunicazione:
1. In una relazione, l'ascolto attivo può aiutare a costruire fiducia e intimità.
2. In un contesto lavorativo, l'ascolto attivo può aiutare a risolvere i conflitti e a creare un ambiente di lavoro positivo.
3. In una situazione di emergenza, l'ascolto attivo può aiutare a fornire supporto e assistenza.

In conclusione, l'ascolto attivo è una capacità preziosa che può essere utilizzata in diversi contesti per migliorare la comunicazione e le relazioni.
La comunicazione è un processo fondamentale per la vita sociale dell'uomo. È attraverso la comunicazione che gli esseri umani sono in grado di creare, mantenere e modificare l'ordine sociale, le relazioni tra loro e la loro stessa identità.
La comunicazione è un processo che implica la trasmissione di informazioni da un mittente a un destinatario. Le informazioni possono essere di natura diversa, come pensieri, sentimenti, idee, istruzioni, ecc.

La comunicazione può essere verbale o non verbale. La comunicazione verbale si basa sull'uso delle parole, mentre la comunicazione non verbale si basa su altri segnali, come il linguaggio del corpo, il tono della voce, il contatto visivo, ecc.

La comunicazione è un processo complesso che coinvolge diversi fattori, come i codici linguistici, le conoscenze e le esperienze dei partecipanti, il contesto sociale e culturale, ecc.

La comunicazione è importante per diversi motivi. Innanzitutto, la comunicazione è necessaria per la cooperazione. Gli esseri umani sono animali sociali che devono cooperare per sopravvivere e prosperare. La comunicazione ci permette di condividere informazioni e coordinare le nostre azioni.

In secondo luogo, la comunicazione è necessaria per la comprensione. La comunicazione ci permette di capire gli altri e il mondo che ci circonda.

In terzo luogo, la comunicazione è necessaria per la costruzione di relazioni. La comunicazione ci permette di connetterci con gli altri e creare relazioni significative.

La comunicazione è un processo che svolge un ruolo fondamentale nella vita sociale dell'uomo. È attraverso la comunicazione che gli esseri umani sono in grado di creare, mantenere e modificare l'ordine sociale, le relazioni tra loro e la loro stessa identità.

Ecco alcuni esempi di come la comunicazione può essere utilizzata per creare, mantenere e alterare l'ordine sociale, le relazioni tra gli individui e la propria identità:

1. La comunicazione può essere utilizzata per diffondere informazioni e idee, che possono portare a cambiamenti sociali. Ad esempio, la comunicazione può essere utilizzata per promuovere la tolleranza e la comprensione tra culture diverse, o per sensibilizzare su un problema sociale.

2. La comunicazione può essere utilizzata per costruire relazioni e creare comunità. Ad esempio, la comunicazione può essere utilizzata per organizzare eventi sociali, o per creare gruppi di supporto per persone che condividono interessi o esperienze comuni.

3. La comunicazione può essere utilizzata per esprimere se stessi

e creare la propria identità. Ad esempio, la comunicazione può essere utilizzata per condividere le proprie idee e opinioni, o per creare opere d'arte o di letteratura.

In conclusione, la comunicazione è una capacità preziosa che può essere utilizzata in diversi modi per migliorare la nostra vita sociale.

L'evoluzione delle tecnologie di comunicazione ha avuto un impatto significativo sul nostro modo di vivere.

In passato, la comunicazione era limitata dalla distanza e dai tempi di viaggio. Oggi, invece, possiamo comunicare con chiunque, in qualsiasi parte del mondo, in tempo reale. Questo ha portato a un aumento della globalizzazione e della connessione tra le persone.

I social network hanno ulteriormente amplificato questo fenomeno. Grazie ai social network, possiamo connetterci con persone che condividono i nostri interessi, anche se si trovano a migliaia di chilometri di distanza. Questo ci ha permesso di creare nuove comunità e di vivere esperienze che in passato erano impossibili.

La tecnologia ha anche cambiato il modo in cui lavoriamo, viaggiamo e ci relazioniamo con gli altri. Ad esempio, oggi possiamo lavorare da remoto, viaggiare per lavoro o per piacere e incontrare nuove persone online.

In conclusione, l'evoluzione delle tecnologie di comunicazione ha avuto un impatto positivo sulla nostra vita. Ci ha reso più connessi, più globalizzati e più liberi.

Ecco alcuni esempi specifici di come l'evoluzione della comunicazione ha influenzato il nostro modo di vivere:

1. Lavoro: Grazie alle tecnologie di comunicazione, possiamo lavorare da remoto, collaborare con persone in tutto il mondo e accedere a informazioni e risorse da qualsiasi luogo.

2. Viaggi: Grazie alle tecnologie di comunicazione, possiamo prenotare viaggi, trovare informazioni sui luoghi da visitare e rimanere in contatto con i nostri cari mentre siamo in viaggio.

3. Relazioni: Grazie alle tecnologie di comunicazione, possiamo

rimanere in contatto con i nostri amici e familiari, incontrare nuove persone e costruire relazioni online.

L'evoluzione della comunicazione è un processo continuo e in continua evoluzione. È difficile prevedere quali saranno gli effetti futuri di questa evoluzione, ma è chiaro che continuerà a cambiare il nostro modo di vivere.

Le nuove tecnologie di comunicazione hanno molteplici vantaggi, ma è importante essere consapevoli anche dei pericoli potenziali.

Il personal branding è un processo continuo che deve essere adattato ai cambiamenti della società e della tecnologia. È importante essere consapevoli di queste differenze e di come possono influenzare il tuo personal branding.

Oggi sempre più persone investono energie e risorse nella cura del marchio personale. Questo perché la prima impressione è sempre più importante.

In un mondo in cui siamo costantemente bombardati da informazioni, è diventato sempre più difficile farsi notare. La prima impressione è spesso l'unica possibilità che abbiamo di farci conoscere e di creare una connessione con gli altri.

Un personal branding efficace può aiutarci a creare una prima impressione positiva.

Può aiutarci a distinguerci dagli altri e a creare un vantaggio competitivo.

1. Ecco alcuni motivi per cui è importante investire nel personal branding:

2. Per trovare lavoro: Il personal branding può aiutarti a distinguerti dagli altri candidati e a trovare il lavoro dei tuoi sogni.

3. Per avviare un'attività: Il personal branding può aiutarti a costruire la tua reputazione e a creare fiducia con i tuoi clienti.

4. Per farti conoscere: Il personal branding può aiutarti a farti conoscere nel tuo settore e a costruire relazioni con altre persone.

Il personal branding è un processo continuo che richiede tempo e impegno. Tuttavia, è uno strumento potente che può aiutarti a raggiungere i tuoi obiettivi.

PERSONAL BRAND

Il personal branding è un'attività che tutti noi svolgiamo inconsapevolmente ogni giorno. Quando ci presentiamo a qualcuno, quando parliamo della nostra professione o dei nostri interessi, quando condividiamo qualcosa sui social media, stiamo costruendo la nostra immagine agli occhi degli altri.

Il personal branding è importante per tutti, non solo per le persone famose. Può aiutarci a raggiungere i nostri obiettivi personali e professionali, a costruire relazioni di valore e a sentirci più sicuri di noi stessi.Ecco alcuni dei vantaggi del personal branding:

1. Maggiore visibilità e riconoscibilità: quando abbiamo un'immagine chiara e coerente, siamo più facilmente riconoscibili dagli altri. Questo può aiutarci a trovare lavoro, a fare nuove conoscenze e a costruire relazioni professionali.

2. Aumento della fiducia: quando ci sentiamo sicuri di noi stessi e delle nostre competenze, siamo più propensi a raggiungere i nostri obiettivi. Il personal branding può aiutarci a sviluppare una maggiore fiducia in noi stessi e nelle nostre capacità.

Il personal branding può aiutarci a costruire relazioni con persone che condividono i nostri interessi e le nostre passioni. Questo può aprirci nuove opportunità di lavoro, di collaborazione e di crescita personale.

In un mondo sempre più competitivo, il personal branding è uno strumento prezioso per chiunque voglia affermarsi e raggiungere i propri obiettivi.

Ecco alcuni consigli per costruire un personal branding efficace:

1. Definisci la tua mission: cosa vuoi comunicare agli altri? Quali sono i tuoi valori e le tue passioni?

2. Sii coerente: il tuo personal branding deve essere coerente in tutti i canali che utilizzi.

3. Condividi contenuti di valore: le persone sono più propense a seguirti se condividi contenuti interessanti e utili.

4. Connettiti con gli altri: interagisci con le persone che condividono i tuoi interessi.

Costruire un personal branding efficace richiede tempo e impegno, ma può essere un investimento prezioso per il tuo futuro.

Nell'era dell'individuo, in cui ognuno è un potenziale brand, è importante avere chiaro cosa ci distingue dagli altri. Questo ci permette di farci riconoscere e di trovare il nostro posto nel mondo.

Oggi, più che mai, è importante avere una mission chiara e dei valori che ci guidano. Questi ci aiutano a prendere decisioni, a costruire relazioni e a raggiungere i nostri obiettivi.

Quando siamo in grado di comunicare agli altri chi siamo e cosa ci rende unici, siamo più propensi a costruire relazioni significative e a trovare opportunità di successo.

In un mondo sempre più competitivo, il personal branding è uno strumento prezioso per affermarsi e raggiungere i propri obiettivi.

Ecco alcuni consigli per costruire un personal branding efficace nell'era dell'individuo:

1. 1. Conosci te stesso: inizia con un'analisi di te stesso. Quali sono le tue competenze, i tuoi interessi e i tuoi valori?

2. 2. Definisci la tua mission: cosa vuoi comunicare agli altri? Cosa ti rende unico?

3. 3. Sii coerente: il tuo personal branding deve essere coerente in tutti i canali che utilizzi.

4. 4. Condividi contenuti di valore: le persone sono più propense a seguirti se condividi contenuti interessanti e utili.

5. 5. Connettiti con gli altri: interagisci con le persone che condividono i tuoi interessi.

6. Costruire un personal branding efficace richiede tempo e impegno, ma può essere un investimento prezioso per il tuo futuro.

Per diventare un marchio, bisogna concentrarsi su ciò che si fa per aggiungere valore al mondo. Questo può essere fatto attraverso le proprie competenze, i propri interessi o la propria passione.

Quando facciamo qualcosa di valore, gli altri lo notano. Ci riconoscono come esperti o come persone che hanno qualcosa di speciale da offrire. Questo ci aiuta a costruire una reputazione positiva e a creare relazioni significative.

È importante essere orgogliosi di ciò che si fa. Quando siamo orgogliosi di noi stessi, lo trasmettiamo agli altri. Questo ci rende più credibili e ci aiuta a creare un legame con il nostro pubblico.

Infine, è importante essere onesti e trasparenti. Dobbiamo essere in grado di riconoscere i nostri meriti, ma anche i nostri limiti. Questo ci rende più autentici e ci aiuta a costruire relazioni di fiducia.

Ecco alcuni consigli per concentrarsi su ciò che si fa per aggiungere valore:

1. Identifica le tue competenze e i tuoi interessi. Cosa sei bravo a fare? Cosa ti appassiona?

2. Pensa a come puoi utilizzare le tue competenze e i tuoi interessi per aiutare gli altri. Come puoi rendere il mondo un posto migliore?

3. Sii orgoglioso di ciò che fai. Celebra i tuoi successi e condividili con gli altri.

4. Sii onesto e trasparente. Riconosci i tuoi meriti, ma anche i tuoi limiti.

Concentrandosi su ciò che si fa per aggiungere valore, possiamo costruire un personal branding efficace e diventare un marchio di successo.

Iscriversi a un progetto extra all'interno dell'organizzazione è un modo efficace per commercializzare il proprio marchio. Questo perché ti permette di mostrare le tue competenze e il tuo talento a un pubblico più ampio.

Quando ti iscrivi a un progetto extra, hai l'opportunità di lavorare su qualcosa che ti appassiona e che ti permette di esprimere la tua creatività. Questo ti aiuterà a costruire una reputazione positiva e a farti conoscere come un esperto nel tuo campo.

Inoltre, un progetto extra ti dà l'opportunità di interagire con persone nuove e di costruire relazioni significative. Questo può aiutarti a trovare opportunità di lavoro o di collaborazione.

Ecco alcuni consigli per commercializzare il tuo marchio iscrivendoti a un progetto extra:
1. Scegli un progetto che sia in linea con le tue competenze e i tuoi interessi. Questo ti permetterà di dare il meglio di te e di mostrare le tue capacità agli altri.
2. Sii attivo e partecipativo. Fai la tua parte nel progetto e non aver paura di esprimere le tue idee.
3. Crea contenuti di valore. Condividi i tuoi progressi e le tue idee con gli altri.
4. Connettiti con le persone. Fai amicizia con i membri del progetto e costruisci relazioni.

Iscriversi a un progetto extra è un modo efficace per commercializzare il proprio marchio e raggiungere i propri obiettivi professionali.

Scegli il progetto che è più adatto a te e che ti permetterà di mostrare le tue competenze e il tuo talento.

Avviare un progetto freelance è un modo efficace per commercializzare il proprio marchio. Questo perché ti permette di lavorare su progetti reali e di mostrare le tue competenze e il tuo talento a un pubblico più ampio.

Quando avvii un progetto freelance, hai l'opportunità di lavorare

su qualcosa che ti appassiona e che ti permette di esprimere la tua creatività. Questo ti aiuterà a costruire una reputazione positiva e a farti conoscere come un esperto nel tuo campo.
Inoltre, un progetto freelance ti dà l'opportunità di interagire con persone nuove e di costruire relazioni significative. Questo può aiutarti a trovare opportunità di lavoro o di collaborazione.

Ecco alcuni consigli per commercializzare il tuo marchio avviando un progetto freelance:
1. Scegli un progetto che sia in linea con le tue competenze e i tuoi interessi. Questo ti permetterà di dare il meglio di te e di mostrare le tue capacità agli altri.
2. Sii professionale e affidabile. Fai il tuo lavoro in modo accurato e puntuale.
3. Crea contenuti di valore. Condividi i tuoi progressi e le tue idee con gli altri.
4. Connettiti con le persone. Fai amicizia con i tuoi clienti e costruisci relazioni.
5. Avviare un progetto freelance è un modo efficace per commercializzare il proprio marchio e raggiungere i propri obiettivi professionali.

In particolare, avviare un progetto freelance per conoscere nuove persone può essere un modo efficace per ampliare il proprio network e costruire relazioni significative. Quando lavori su un progetto freelance, hai l'opportunità di interagire con persone di diverse discipline e background. Questo può aiutarti a imparare cose nuove e a trovare opportunità di collaborazione.
Avviando un progetto freelance per conoscere nuove persone, puoi ampliare il tuo network, costruire relazioni significative e sviluppare le tue competenze
Insegnare in una classe, in un programma di formazione oppure tenere uno speech è un modo efficace per commercializzare il proprio marchio. Questo perché ti permette di condividere le tue conoscenze e competenze con un pubblico più ampio.
Quando insegni, formi o tieni uno speech, hai l'opportunità di

mostrare le tue competenze e il tuo talento a un pubblico che è interessato a ciò che hai da dire. Questo ti aiuterà a costruire una reputazione positiva e a farti conoscere come un esperto nel tuo campo.

Inoltre, insegnare, formare o tenere uno speech ti dà l'opportunità di interagire con persone nuove e di costruire relazioni significative. Questo può aiutarti a trovare opportunità di lavoro o di collaborazione.

Insegnare, formare o tenere uno speech è un modo efficace per commercializzare il proprio marchio e raggiungere i propri obiettivi professionali.

Ecco alcuni esempi di opportunità di insegnamento, formazione o speech che puoi considerare:

1. Insegnamento in un'università o in una scuola professionale
2. Formazione in un'azienda o in un'organizzazione
3. Speech in un evento o in un workshop
4. Scegli l'opportunità che è più adatta a te e che ti permetterà di mostrare le tue competenze e il tuo talento.

In particolare, tenere uno speech è un modo efficace per farsi conoscere e per condividere le proprie idee con un pubblico più ampio. Quando tieni uno speech, hai l'opportunità di parlare di ciò che sei appassionato e di ispirare gli altri.

Tenendo uno speech efficace, puoi aumentare la tua visibilità, costruire la tua reputazione e raggiungere un pubblico più ampio.

Offrire il proprio contributo scrivendo per un giornale locale è un modo efficace per commercializzare il proprio marchio. Questo perché ti permette di condividere le tue conoscenze e competenze con un pubblico locale.

Aprire un blog e scrivere su argomenti che ci appassionano è un modo efficace per commercializzare il proprio marchio. Questo perché ti permette di condividere le tue conoscenze e competenze con un pubblico più ampio.

Quando scrivi su un blog, hai l'opportunità di mostrare le tue competenze e il tuo talento a un pubblico che è interessato a ciò che hai da dire. Questo ti aiuterà a costruire una reputazione positiva e a farti conoscere come un esperto nel tuo campo.

Inoltre, scrivere su un blog ti dà l'opportunità di interagire con persone nuove e di costruire relazioni significative. Questo può aiutarti a trovare opportunità di lavoro o di collaborazione.

Ecco alcuni consigli per commercializzare il tuo marchio aprendo un blog e scrivendo su argomenti che ti appassionano:

1. Scegli un argomento che sia in linea con le tue competenze e i tuoi interessi. Questo ti permetterà di dare il meglio di te e di mostrare le tue capacità agli altri.
2. Sii coerente e regolare. Pubblica nuovi contenuti con frequenza per attirare e mantenere l'attenzione del tuo pubblico.
3. Crea contenuti di valore. Condividi le tue conoscenze e competenze in un modo che sia utile e informativo per il tuo pubblico.
4. Promoziona il tuo blog. Condividi i tuoi contenuti sui social media e su altre piattaforme online.

Aprire un blog e scrivere su argomenti che ti appassionano è un modo efficace per commercializzare il tuo marchio e raggiungere i tuoi obiettivi professionali.

Ecco alcuni consigli per creare una community fidelizzata sul tuo blog:

1. Coinvolgi il tuo pubblico. Chiedi feedback e suggerimenti, e rispondi ai commenti.
2. Organizza eventi e contest. Questo è un modo divertente e coinvolgente per interagire con il tuo pubblico.
3. Offri contenuti esclusivi. Premi i tuoi lettori più fedeli con contenuti esclusivi, come contenuti dietro le quinte o sconti sui tuoi prodotti o servizi.
4. Crea una community fidelizzata sul tuo blog e puoi trasformare i tuoi lettori in clienti o sostenitori.

Aprire un profilo social e trattare temi che ci stanno a cuore è un modo efficace per commercializzare il proprio marchio. Questo perché ti permette di connetterti con un pubblico più ampio e di costruire relazioni significative.

Quando pubblichi contenuti sui social media, hai l'opportunità di condividere le tue conoscenze e competenze con un pubblico che è interessato a ciò che hai da dire. Questo ti aiuterà a costruire una reputazione positiva e a farti conoscere come un esperto nel tuo campo.

Inoltre, i social media ti danno l'opportunità di interagire con persone nuove e di costruire relazioni significative. Questo può aiutarti a trovare opportunità di lavoro o di collaborazione.

Ecco alcuni consigli per commercializzare il tuo marchio aprendo un profilo social e trattando temi che ti stanno a cuore:

1. Scegli una piattaforma social che sia in linea con il tuo pubblico e con il tuo marchio. Non è necessario essere presenti su tutte le piattaforme social. Scegli quelle che sono più adatte a te e al tuo obiettivo.

2. Crea contenuti di valore. Condividi contenuti che siano utili e informativi per il tuo pubblico.

3. Sii coerente e regolare. Pubblica nuovi contenuti con frequenza per attirare e mantenere l'attenzione del tuo pubblico.

4. Coinvolgi il tuo pubblico. Chiedi feedback e suggerimenti, e rispondi ai commenti.

Aprire un profilo social e trattare temi che ti stanno a cuore è un modo efficace per commercializzare il tuo marchio e raggiungere i tuoi obiettivi professionali.

Ecco alcuni consigli per creare valore per chi ti segue sui social media:

1. Condividi le tue conoscenze e competenze. Spiega come fai le cose e condividi i tuoi consigli.

2. Offri contenuti esclusivi. Premi i tuoi follower più fedeli con contenuti esclusivi, come contenuti dietro le quinte o sconti sui tuoi prodotti o servizi.

3. Sii autentico e trasparente. Condividi le tue esperienze e i tuoi pensieri in modo genuino.

4. Crea valore per chi ti segue sui social media e puoi trasformare i tuoi follower in clienti o sostenitori.

In particolare, trattare temi che ci stanno a cuore è un modo efficace per creare un legame con il tuo pubblico. Quando parli di qualcosa che ti appassiona, trasmetti la tua passione e il tuo entusiasmo. Questo è qualcosa che le persone possono percepire e apprezzare.

Trattando temi che ti stanno a cuore sui social media, puoi creare un legame con il tuo pubblico e costruire relazioni significative. Ogni interazione che hai con un cliente o un potenziale cliente è un'opportunità per trasmettere il tuo marchio.

Tutto ciò che fai, dai più piccoli dettagli ai più grandi, contribuisce a creare la percezione del tuo marchio. Assicurati che ogni interazione sia coerente con il messaggio che vuoi trasmettere.

Ecco alcuni consigli per garantire che tutte le tue interazioni siano coerenti con il tuo marchio:

1. Definisci chiaramente i valori e la personalità del tuo marchio. Una volta che sai cosa vuoi trasmettere, puoi assicurarti che tutte le tue interazioni siano in linea con questi valori.

2. Forma il tuo personale sul tuo marchio. Assicurati che tutti i dipendenti siano consapevoli dei valori e della personalità del tuo marchio, in modo che possano trasmetterli nelle loro interazioni con i clienti.

3. Monitora le tue interazioni. Fai un passo indietro e guarda come le persone interagiscono con il tuo marchio. Questo ti aiuterà a identificare eventuali aree in cui potresti migliorare.

Seguendo questi consigli, puoi assicurarti che ogni interazione con il tuo marchio sia un'esperienza positiva per i tuoi clienti.In un mondo sempre più digitale, le persone si affidano sempre più a internet per conoscere le persone e le aziende. Quando qualcuno cerca informazioni su di noi, è probabile che inizi con una ricerca su internet.

Ciò significa che è importante avere una presenza online forte e positiva. Il nostro sito web, i nostri profili social media e altri contenuti online dovrebbero riflettere i nostri valori e la nostra personalità.

Ecco alcuni consigli per creare una presenza online positiva:

1. Mantieni i tuoi contenuti aggiornati e pertinenti. Le persone sono più propense a fidarsi di qualcuno che è attivo e coinvolto

online.

2. Sii autentico e trasparente. Le persone possono percepire quando qualcuno sta cercando di essere qualcuno che non è.

3. Condividi contenuti di valore. Le persone sono più propense a seguirti se offri loro contenuti interessanti e utili.

4. Sii coerente con il tuo marchio. Assicurati che tutti i tuoi contenuti siano coerenti con i valori e la personalità del tuo marchio.

Seguendo questi consigli, puoi creare una presenza online positiva che ti aiuterà a costruire relazioni e a creare fiducia.

Inoltre, è importante ricordare che le persone sono più propense a credere a ciò che vedono con i propri occhi. Se hai un'opportunità di interagire con le persone di persona, fai del tuo meglio per lasciare una buona impressione.

Le interazioni positive di persona possono aiutare a compensare qualsiasi impressione negativa che le persone possano avere di te online.

Il 70% dei datori di lavoro ha ricercato i candidati online e ciò che hanno trovato ha influenzato enormemente il fatto che il candidato andava avanti nella selezione.

Questo significa che è importante essere consapevoli di ciò che i datori di lavoro potrebbero trovare online su di te. Assicurati che tutto ciò che è online sia positivo e rifletta le tue competenze e la tua personalità.

Ecco alcuni consigli per assicurarti che la tua presenza online sia positiva per la tua carriera:

1. Controlla i tuoi profili social media. Assicurati che il tuo nome e la tua foto siano impostati correttamente e che i tuoi contenuti siano professionali e pertinenti.

2. Elimina qualsiasi contenuto che potrebbe essere negativo o controverso.

3. Crea un sito web professionale. Il tuo sito web è un'opportunità per mostrare le tue competenze e la tua esperienza.

Mantieni il tuo curriculum aggiornato. Assicurati che il tuo curriculum sia aggiornato e che rifletta le tue competenze e la tua esperienza più recente.

Seguendo questi consigli, puoi assicurarti che la tua presenza online sia positiva e che ti aiuti a raggiungere i tuoi obiettivi di carriera.

Ecco alcuni consigli specifici per i candidati che cercano lavoro:

1. Assicurati che il tuo profilo LinkedIn sia aggiornato e completo. LinkedIn è la piattaforma professionale più popolare e è un ottimo modo per connetterti con i datori di lavoro e i recruiter.

2. Crea un portfolio online. Un portfolio online è un ottimo modo per mostrare le tue competenze e il tuo lavoro.

3. Partecipa a gruppi e forum online. La partecipazione a gruppi e forum online è un ottimo modo per costruire relazioni e farsi conoscere nel tuo settore.

SOCIAL MEDIA

Oggi la prima impressione, nel mondo del business, è digitale. I social media sono diventati uno strumento essenziale per la comunicazione e la promozione personale e professionale.

L'assenza di un professionista dai social oggi può essere interpretata come un segnale molto negativo. Questo perché i potenziali clienti, i partner e gli stessi datori di lavoro si aspettano di trovare un professionista online.

La presenza gestita male sui social può provocare parecchi danni d'immagine. Ad esempio, se un professionista pubblica contenuti offensivi o inappropriati, può danneggiare la sua reputazione e la sua credibilità.

I social media hanno reso più facile per le persone costruire una rete di contatti. Le persone possono utilizzare i social media per interagire con altri professionisti nel loro settore, per trovare potenziali clienti o partner e per costruire relazioni personali.

I blog hanno reso più facile per le persone condividere la propria storia e i propri contenuti. I blog sono un ottimo modo per mostrare le proprie competenze e conoscenze e per farsi conoscere nel proprio settore.

I video hanno reso più facile per le persone comunicare in modo coinvolgente. I video sono un ottimo modo per trasmettere il proprio messaggio in modo chiaro e conciso.Ecco alcuni consigli per curare i profili social per il business:

1. Sii autentico: I tuoi profili social devono riflettere la tua personalità e il tuo brand.

2. Condividi contenuti di valore: I tuoi contenuti devono essere interessanti e coinvolgenti per il tuo pubblico.

3. Sii coerente: Il tuo messaggio deve essere coerente su tutti i tuoi profili social.

4. Sii attivo: Pubblica contenuti con regolarità per mantenere il tuo pubblico coinvolto.

5. Seguendo questi consigli, puoi creare una presenza online positiva e professionale che ti aiuterà a raggiungere i tuoi obiettivi.

I social media hanno reso più facile per le persone condividere le proprie opinioni e pensieri. Questo ha portato a un aumento della comunicazione interpersonale, che ha reso più importante il modo in cui ci si esprime.

L'aumento dell'attenzione verso la comunicazione non verbale è dovuto alla crescente consapevolezza dell'importanza delle emozioni nella comunicazione. Le persone sono più consapevoli del fatto che il modo in cui ci si esprime, sia verbale che non verbale, può avere un impatto significativo sulle emozioni degli altri. I trend del personal branding nel 2022 identificati da William Arruda.

L'abilità digitale: la tecnologia è ormai parte integrante del lavoro di tutti. È importante saper usare bene i vari dispositivi e i vari social media per rimanere aggiornati sulle ultime tendenze e per connettersi con gli altri.

Il feedback dall'esterno: è uno strumento prezioso per migliorare il proprio personal branding. È importante chiedere regolarmente feedback da persone che contano, sia nel lavoro che nella vita personale. Il feedback ci può aiutare a identificare i nostri punti di forza e di debolezza e a prendere decisioni più consapevoli.

Mostrare orientamento al team: oggi più che mai è importante saper lavorare in team. È importante essere coinvolti e connessi con ognuno dei membri del team per creare un ambiente collaborativo e produttivo.

Ecco alcuni consigli per implementare questi trend nel tuo personal branding:

1. Sii autentico e focalizzati sui tuoi punti di forza: Le persone possono percepire quando qualcuno sta cercando di essere qualcuno che non è. Sii autentico e focalizzati sui tuoi punti di forza.

2. Sfrutta la tecnologia: La tecnologia può essere un potente strumento per promuovere il tuo personal branding. Utilizza i social media, il tuo sito web e altri canali online per condividere le tue idee e i tuoi contenuti.

3. Cerca feedback: Chiedi regolarmente feedback da persone che contano. Il feedback ti può aiutare a migliorare il tuo personal branding e a raggiungere i tuoi obiettivi.

I social media sono diventati una parte integrante della nostra vita quotidiana. Siamo sempre più connessi online e utilizziamo i social media per una varietà di scopi, tra cui rimanere in contatto con gli amici e la famiglia, condividere le nostre esperienze e conoscere nuove persone.

In questo contesto, è diventato sempre più importante essere presenti sui social media e curare i contenuti che pubblichiamo. Il nostro profilo sui social media è il nostro biglietto da visita, la nostra prima impressione agli occhi degli altri. È importante che il nostro profilo sia aggiornato e curato, che rappresenti la nostra personalità e che trasmetta un messaggio positivo.

Ecco alcuni consigli per curare i contenuti sui social media:

1. Pubblica contenuti di qualità. I tuoi contenuti dovrebbero essere interessanti e coinvolgenti. Evita di pubblicare contenuti banali o ripetitivi.

2. Sii autentico. I tuoi contenuti dovrebbero riflettere la tua personalità e i tuoi interessi. Non cercare di essere qualcuno che non sei.

3. Interagisci con gli altri. Non limitarti a pubblicare contenuti, ma interagisci anche con gli altri utenti. Rispondi ai commenti e alle domande.

4. Cura i contenuti dei tuoi social media è importante per diversi motivi:

Per creare una buona impressione. Il tuo profilo sui social media è la tua prima impressione agli occhi degli altri. È importante che il tuo profilo sia curato e che trasmetta un messaggio positivo.

Per costruire relazioni. I social media sono un ottimo modo per connettersi con gli altri. Curando i tuoi contenuti, puoi creare relazioni significative con gli altri utenti.

Per promuovere te stesso o la tua attività. Se hai un'attività, i social media possono essere un ottimo modo per promuoverla. Curando i tuoi contenuti, puoi attirare nuovi clienti e generare interesse per la tua attività.

In conclusione, essere presenti sui social media e curare i contenuti è importante per creare una buona impressione, costruire relazioni e promuovere te stesso o la tua attività.La prima impressione è importante, sia nella vita reale che online. Quando qualcuno apre per la prima volta il nostro profilo sui social media, si fa un'impressione di noi sulla base delle informazioni che trova. È importante che queste informazioni siano positive e che trasmettano un messaggio chiaro e conciso.

Ecco alcuni consigli per creare una buona prima impressione sui social media:

1. Aggiorna il tuo profilo e rendilo completo. Assicurati che le tue informazioni di base siano corrette e aggiornate.

2. Scegli una foto di profilo professionale. La tua foto di profilo è la prima cosa che le persone vedranno, quindi è importante che sia professionale e che ti rappresenti bene.

3. Scrivi una biografia breve e concisa. La tua biografia dovrebbe fornire una panoramica di te e dei tuoi interessi.

4. Pubblica contenuti di alta qualità. I tuoi contenuti dovrebbero essere interessanti e coinvolgenti. Evita di pubblicare contenuti banali o ripetitivi.

5. Sii autentico. Non cercare di essere qualcuno che non sei.

È anche importante essere consapevoli del fatto che i social media possono essere utilizzati per scopi diversi. Ad esempio, se stai cercando lavoro, è importante che il tuo profilo sia professionale e che trasmetta un messaggio positivo. Se stai cercando amici o persone con cui condividere i tuoi interessi, puoi essere più informale.

In conclusione, è importante essere consapevoli di cosa stiamo comunicando sui social media. La prima impressione è important-ante, sia per costruire relazioni che per trovare lavoro.La trasparenza è importante per costruire fiducia. Quando siamo trasparenti, le persone sanno cosa aspettarsi da noi e possono fidarsi di noi.I social media sono un insieme di piattaforme online che consentono agli utenti di creare e condividere contenuti, interagire tra loro e formare comunità. I social media hanno rivoluzionato il modo in cui le persone comunicano e si relazionano tra loro.

Con i social media, il potere editoriale è diffuso e distribuito. In passato, il potere editoriale era concentrato nelle mani di poche persone, come i giornalisti e gli editori. Oggi, chiunque può essere un editore, pubblicando contenuti online.

Questo cambiamento ha avuto un impatto significativo sulla società. I social media hanno dato voce a persone che in passato non avevano accesso ai media tradizionali. Hanno anche reso più facile per le persone con idee simili connettersi tra loro e formare comunità.

Tuttavia, i social media hanno anche sollevato alcune preoccupazioni. Ad esempio, i social media possono essere utilizzati per diffondere disinformazione e propaganda. Inoltre, i social media possono essere utilizzati per cyberbullismo e molestie.

Nonostante queste preoccupazioni, i social media sono uno strumento potente che può essere utilizzato per il bene o per il male. È importante usare i social media in modo responsabile e consapevole.

Ecco alcuni vantaggi dei social media:

1. Aumento della comunicazione e della connessione: I social media hanno reso più facile per le persone connettersi tra loro, indipendentemente dalla distanza.

2. Condivisione di informazioni e idee: I social media consentono alle persone di condividere informazioni e idee con un pubblico globale.

3. Formazione di comunità: I social media consentono alle persone di formare comunità intorno a interessi comuni.

Ecco alcuni rischi dei social media:

1. Diffusione di disinformazione e propaganda: I social media possono essere utilizzati per diffondere disinformazione e propaganda.

2. Cyberbullismo e molestie: I social media possono essere utilizzati per cyberbullismo e molestie.

3. Addiction: I social media possono essere addictive, causando problemi di salute mentale e fisica.

È importante essere consapevoli dei rischi dei social media e usare queste piattaforme in modo responsabile.Le strategie di presidio sui social media sono quelle che identificano i social media come lo spazio di massima importanza per la comunicazione del brand. L'obiettivo è quello di stabilire una presenza dell'azienda il più ampia possibile in termini di contenuto, in modo da raggiungere un pubblico sempre più vasto e fidelizzarlo.

Gli elementi chiave di questo tipo di strategia sono:

1. Piano di contenuti: è un documento che definisce i contenuti che verranno pubblicati sui social media, in base agli obiettivi di comunicazione e al target di riferimento. Il piano di contenuti deve essere accuratamente pianificato e aggiornato periodicamente, in modo da garantire un'offerta di contenuti coerente e di qualità.

2. Community management: è l'attività di gestione della community di utenti che interagiscono con l'azienda sui social media. Il community manager è responsabile di rispondere ai commenti e alle domande degli utenti, di moderare le discussioni e di promuovere la partecipazione alla community.

3. Analisi e monitoraggio: è fondamentale monitorare l'andamento della strategia e raccogliere dati sui risultati ottenuti. In questo modo è possibile individuare eventuali punti di forza e di debolezza e apportare le modifiche necessarie per migliorare l'efficacia della strategia.

4. Engagement: è importante creare contenuti che siano in grado di coinvolgere gli utenti e stimolare la loro partecipazione. L'engagement è un indicatore importante del successo di una strategia di presidio sui social media.

Le strategie di presidio sui social media sono una scelta efficace per le aziende che vogliono costruire una presenza solida e di successo su queste piattaforme. Tuttavia, è importante ricordare che queste strategie richiedono un impegno costante e una pianificazione accurata.

Ecco alcuni esempi di obiettivi che possono essere raggiunti attraverso una strategia di presidio sui social media:

1. Aumento della brand awareness: la presenza sui social media può aiutare a far conoscere il brand a un pubblico più vasto.

2. Generazione di lead: i social media possono essere utilizzati per raccogliere informazioni sui potenziali clienti e convertirli in lead.

3. Aumento delle vendite: i social media possono essere utilizzati per promuovere i prodotti o servizi dell'azienda e aumentare le vendite.

Miglioramento della customer experience: i social media possono essere utilizzati per fornire supporto ai clienti e migliorare la loro esperienza con l'azienda.

Le strategie di presidio sui social media sono un'opportunità importante per le aziende di raggiungere i propri obiettivi di business. Attraverso una pianificazione accurata e un impegno costante, è possibile costruire una presenza solida e di successo su queste piattaforme.

Le strategie di presidio sui social media richiedono una grande pianificazione e un sistema di metriche innovative per calcolare il ROI. È bene programmare anche un'analisi di benchmark della concorrenza.

Il vantaggio di questo tipo di strategie è che lavorano sull'ottimizzazione della reputazione delle aziende. I social media sono un potente strumento per costruire relazioni con i clienti e creare un'immagine positiva del brand.

Ecco alcuni dei vantaggi specifici delle strategie di presidio sui social media:

1. Aumento della brand awareness: la presenza sui social media può aiutare a far conoscere il brand a un pubblico più vasto.
2. Generazione di lead: i social media possono essere utilizzati per raccogliere informazioni sui potenziali clienti e convertirli in lead.
3. Aumento delle vendite: i social media possono essere utilizzati per promuovere i prodotti o servizi dell'azienda e aumentare le vendite.
4. Miglioramento della customer experience: i social media possono essere utilizzati per fornire supporto ai clienti e migliorare la loro esperienza con l'azienda.
5. Miglioramento della reputazione dell'azienda: i social media possono essere utilizzati per costruire relazioni con i clienti e creare un'immagine positiva del brand.

Per ottenere questi vantaggi, è importante pianificare accuratamente la strategia di presidio e monitorarne i risultati. È inoltre importante utilizzare metriche innovative per calcolare il ROI, in modo da poter misurare l'efficacia della strategia.

Ecco alcuni suggerimenti per pianificare una strategia di presidio sui social media efficace:

1. Definire gli obiettivi: il primo passo è definire gli obiettivi che si vogliono raggiungere attraverso la strategia di presidio. Gli obiettivi possono essere di natura diversa, come aumentare la brand awareness, generare lead o aumentare le vendite.

2. Identificare il target di riferimento: è importante identificare il target di riferimento della strategia di presidio. In questo modo sarà possibile creare contenuti e attività che siano di interesse per il pubblico target.

3. Selezionare le piattaforme social giuste: non tutte le piattaforme social sono uguali. È importante selezionare le piattaforme social che sono più adatte al target di riferimento e agli obiettivi della strategia.

4. Creare un piano di contenuti: il piano di contenuti è un documento che definisce i contenuti che verranno pubblicati sui social media. Il piano di contenuti deve essere accuratamente pianificato e aggiornato periodicamente, in modo da garantire un'offerta di contenuti coerente e di qualità.

5. Gestire la community: la gestione della community è un'attività fondamentale per una strategia di presidio sui social media. Il community manager è responsabile di rispondere ai commenti e alle domande degli utenti, di moderare le discussioni e di promuovere la partecipazione alla community.

6. Monitorare i risultati: è fondamentale monitorare l'andamento della strategia e raccogliere dati sui risultati ottenuti. In questo modo è possibile individuare eventuali punti di forza e di debolezza e apportare le modifiche necessarie per migliorare l'efficacia della strategia.

Le strategie di presidio sui social media sono un'opportunità importante per le aziende di raggiungere i propri obiettivi di business. Attraverso una pianificazione accurata e un impegno costante, è possibile costruire una presenza solida e di successo su queste piattaforme.

I social network sono diventati una parte integrante della nostra vita quotidiana. Sono utilizzati per rimanere in contatto con amici e familiari, condividere esperienze e opinioni, e partecipare a comunità online.

I social network possono essere classificati in base a diversi criteri, tra cui:
1. Scopo: I social network possono essere utilizzati per scopi personali, professionali o di altro tipo.
2. Target: I social network possono essere rivolti a un pubblico specifico, come giovani adulti, professionisti o persone con interessi specifici.
3. Funzionalità: I social network possono offrire una varietà di funzionalità, come la condivisione di contenuti, la messaggistica, la creazione di gruppi e la partecipazione a eventi.
4. I social network hanno un impatto significativo sulla nostra società. Possono essere utilizzati per diffondere informazioni, promuovere la collaborazione e la condivisione, e creare comunità online.

I social network offrono la possibilità di far diventare i contenuti virali, ovvero di diffonderli rapidamente e su vasta scala. Un contenuto virale è un contenuto che viene condiviso da un gran numero di persone, spesso in modo spontaneo e senza alcun intervento da parte dell'autore.

I contenuti virali possono avere diversi vantaggi, tra cui:
1. Maggiore visibilità: Un contenuto virale può raggiungere un pubblico molto ampio, anche al di fuori del target di riferimento dell'autore.
2. Maggiore consapevolezza del marchio: Un contenuto virale può contribuire a migliorare la consapevolezza del marchio

dell'autore, rendendolo più noto e riconoscibile.

3. Maggiori opportunità di guadagno: Un contenuto virale può generare opportunità di guadagno, ad esempio attraverso la vendita di prodotti o servizi, la promozione di sponsorizzazioni o la creazione di campagne di marketing.

In particolare, il numero di click sui link è un indicatore del successo di un contenuto virale. Più un contenuto viene condiviso, più persone saranno portate a cliccare sui link al suo interno. Questo può portare a un aumento delle vendite, delle conversioni o delle visite al sito web dell'autore.

Ecco alcuni consigli per creare contenuti virali:

1. Focalizzati su un'idea o un messaggio forte: Il tuo contenuto deve avere un'idea o un messaggio chiaro e conciso che possa essere facilmente compreso e condiviso.

2. Usa un linguaggio semplice e diretto: Il tuo contenuto deve essere facile da capire e da leggere.

3. Utilizza immagini e video accattivanti: Le immagini e i video possono aiutare a catturare l'attenzione del pubblico e a rendere il tuo contenuto più coinvolgente.

4. Condividi il tuo contenuto sui social media: I social media sono il modo migliore per diffondere i tuoi contenuti e raggiungere un pubblico più ampio.

5. Creare contenuti virali non è facile, ma con un po' di creatività e impegno è possibile ottenere risultati sorprendenti.

Ogni piattaforma di social media ha le sue caratteristiche e un pubblico ben definito. È importante scegliere la piattaforma giusta per il proprio scopo e il proprio pubblico target.Le piattaforme di social media possono essere classificate in base a diversi criteri, tra cui:

1. Scopo: Le piattaforme di social media possono essere utilizzate per scopi personali, professionali o di altro tipo.

2. Target: Le piattaforme di social media possono essere rivolte a

un pubblico specifico, come giovani adulti, professionisti o persone con interessi specifici.

3. Funzionalità: Le piattaforme di social media possono offrire una varietà di funzionalità, come la condivisione di contenuti, la messaggistica, la creazione di gruppi e la partecipazione a eventi.

Ogni piattaforma di social media ha un pubblico target specifico. Ad esempio, Facebook è una piattaforma popolare tra persone di tutte le età, mentre LinkedIn è una piattaforma più professionale rivolta a professionisti.

È importante utilizzare un linguaggio e un tono appropriati per la piattaforma di social media che si sta utilizzando. Ad esempio, su una piattaforma visiva come Instagram, è importante utilizzare immagini e video di alta qualità. Su una piattaforma professionale come LinkedIn, è importante utilizzare un linguaggio formale e professionale.

Alcune piattaforme di social media hanno un bacino di utenti maggiore ma con una minore partecipazione alle discussioni. Altre piattaforme hanno un bacino di utenti minore ma con una maggiore partecipazione alle discussioni.

Ecco alcuni consigli per scegliere la piattaforma di social media giusta:

1. Considera il tuo scopo: Qual è il tuo scopo nell'utilizzo dei social media? Vuoi rimanere in contatto con amici e familiari? Vuoi promuovere la tua attività? Vuoi condividere le tue passioni?

2. Considera il tuo pubblico target: A chi vuoi rivolgerti? Quali sono gli interessi del tuo pubblico target?

3. Considera le funzionalità offerte: Quali funzionalità sono importanti per te? Vuoi condividere contenuti visivi? Vuoi partecipare a discussioni? Vuoi creare gruppi?

4. Considera il bacino di utenza: Quanti utenti ha la piattaforma? È una piattaforma popolare nel tuo settore?

5. Con un po' di riflessione, è possibile scegliere la piattaforma di social media giusta per raggiungere i propri obiettivi.

Conoscere il proprio pubblico è importante per scegliere la piattaforma di social media giusta. I 4 fattori che hai menzionato sono tutti importanti da considerare:

1. SEO: Alcuni social network sono più rilevanti di altri per i motori di ricerca. Questo significa che i contenuti pubblicati su queste piattaforme hanno maggiori probabilità di essere indicizzati da Google e di essere trovati dagli utenti.

2. Brand awareness: I social network possono essere utilizzati per aumentare la consapevolezza del marchio. Questo si può fare pubblicando contenuti interessanti e coinvolgenti che aiutino a far conoscere il marchio al pubblico.

3. Comunicazione: I social network offrono la possibilità di comunicare direttamente con il pubblico. Questo è un modo efficace per costruire relazioni con i clienti e rispondere alle loro domande e richieste.

4. Generazione del traffico: I social network possono essere utilizzati per generare traffico verso il sito web o il blog. Questo può portare a un aumento delle vendite, delle conversioni o delle visite al sito web.

.

Ecco alcuni consigli per scegliere la piattaforma di social media giusta:

1. Fai un'analisi del tuo pubblico: Chi è il tuo pubblico target? Quali sono i loro interessi? Dove trascorrono il loro tempo online?

2. Considera i tuoi obiettivi: Cosa vuoi ottenere dai social media? Vuoi aumentare la consapevolezza del marchio? Generare lead? Vendere prodotti o servizi?

3. Valuta le piattaforme disponibili: Quali piattaforme sono popolari nel tuo settore? Quali piattaforme offrono le funzionalità di cui hai bisogno?

4. Testa diverse piattaforme: Non esiste una soluzione perfetta per tutti. Prova diverse piattaforme e vedi quale funziona meglio per te.

Con un po' di riflessione, è possibile scegliere la piattaforma di social media giusta per raggiungere i propri obiettivi.

La combinazione di social networking e blogging è una strategia efficace per i creatori di contenuti.

Il blogging offre diversi vantaggi ai creatori di contenuti, tra cui:
1. Libertà di espressione: I blogger hanno la libertà di esprimere le proprie idee e opinioni senza rispettare regole stilistiche o di formato.
2. Personalizzazione: I blog possono essere personalizzati in base all'immagine e al marchio del creatore.
3. SEO: I blog possono essere indicizzati dai motori di ricerca, il che li rende più visibili al pubblico.
4. Monetizzazione: I blog possono essere monetizzati attraverso la pubblicità, le sponsorizzazioni o la vendita di prodotti o servizi.

I social media offrono diversi vantaggi ai creatori di contenuti, tra cui:
1. Raggiungere un pubblico più ampio: I social media possono essere utilizzati per raggiungere un pubblico più ampio rispetto ai blog.
2. Interazione con il pubblico: I social media offrono la possibilità di interagire direttamente con il pubblico, rispondendo alle domande e alle richieste.
3. Brand awareness: I social media possono essere utilizzati per aumentare la consapevolezza del marchio.
4. Combinando i social media e il blogging, i creatori di contenuti possono sfruttare i vantaggi di entrambe le piattaforme.

Ecco alcuni consigli per combinare efficacemente i social media e il blogging:
1. Concentrati su un contenuto coerente: Il contenuto pubblicato sui social media e sul blog dovrebbe essere coerente per creare un'immagine coerente per il creatore.
2. Promoziona il tuo blog sui social media: Condividi i link ai tuoi post sui social media per attirare nuovi lettori.
3. Condividi contenuti esclusivi sui social media: Crea contenuti esclusivi per i social media per incoraggiare gli utenti a seguirti.
4. Utilizza i social media per interagire con il tuo pub-

blico: Rispondi ai commenti e alle domande degli utenti per costruire relazioni con loro.

Con una strategia ben pianificata, è possibile combinare efficacemente i social media e il blogging per raggiungere i propri obiettivi di marketing e di business.

Le community virtuali sono gruppi di persone che si riuniscono online per condividere interessi comuni. Possono essere formate da persone di tutto il mondo e possono essere dedicate a qualsiasi argomento, dalla tecnologia alla moda, dalla musica allo sport.

Le persone si uniscono alle community virtuali per diversi motivi, tra cui:

1. Condividere informazioni e conoscenze: Le community virtuali possono essere un ottimo modo per imparare cose nuove e condividere informazioni con altri.

2. Trovare supporto e amicizia: Le community virtuali possono fornire un senso di comunità e di supporto a chi condivide interessi comuni.

3. Collaborare a progetti comuni: Le community virtuali possono essere utilizzate per collaborare a progetti comuni, come la creazione di contenuti, lo sviluppo di software o la ricerca scientifica.

I motivi che hai menzionato sono tutti validi e comuni. Le persone vogliono condividere nuove idee e suggerimenti per aiutare gli altri e per imparare cose nuove. Vogliono ritualizzare soluzioni già adottate da altri utenti per risparmiare tempo e fatica. Vogliono collaborare attraverso discussioni aperte per generare nuove idee e soluzioni. E vogliono imparare cose nuove dai membri della community per ampliare le proprie conoscenze e competenze.

Le community virtuali possono essere un'esperienza molto positiva per le persone. Possono fornire un senso di comunità, di supporto e di apprendimento. Possono anche essere un modo efficace per condividere informazioni e conoscenze e per collaborare a progetti comuni.

Il networking è fondamentale per il successo personale e professionale, in quanto permette di creare relazioni con persone che possono offrire opportunità e supporto.

Nel XXI secolo, le tecnologie di comunicazione hanno reso il networking più facile e accessibile che mai. Grazie ai social media, alle app di networking professionale e ai siti web di incontri, è possibile connettersi con persone da tutto il mondo.

Queste tecnologie hanno creato una "realtà sociale aumentata" in cui è possibile espandere le possibilità di ottenere attenzioni ed essere apprezzato. Ad esempio, è possibile utilizzare i social media per costruire un pubblico e condividere le proprie idee. È possibile utilizzare le app di networking professionale per trovare opportunità di lavoro o collaborazioni. È possibile utilizzare i siti web di incontri per trovare potenziali partner romantici o amici.

Tuttavia, è importante ricordare che il networking non è solo una questione di quantità. È importante costruire relazioni autentiche e significative con le persone che incontri. Questo significa essere interessati a loro e alle loro vite, e offrire supporto e collaborazione.

Con un po' di impegno, il networking può aiutarti a raggiungere i tuoi obiettivi personali e professionali.

Lo storytelling è una forma di comunicazione potente che può essere utilizzata per coinvolgere gli utenti e trasmettere messaggi importanti.

È importante preparare lo storytelling con cura. È necessario raccogliere tutte le informazioni necessarie per raccontare una storia coinvolgente e autentica. Questo include fonti, persone, aneddoti personali e motivazioni.

Una storia deve partire da un'emozione. L'utente deve essere in grado di immedesimarsi nei personaggi e provare le loro emozioni. La vera abilità dello scrittore è trasferire queste emozioni al lettore.

Ecco alcuni consigli per coinvolgere gli utenti con lo storytelling:
1. Renderli partecipi citando momenti di vita comune. Ricordando momenti della loro vita, gli utenti si attiveranno con entusiasmo.

2. Farli sentire parte integrante di qualcosa. Il pubblico deve sentirsi coinvolto nella storia e avere un senso di appartenenza.
3. Scrivere in modo sintetico. Le storie devono essere concise e facilmente comprensibili.
4. Raccontando le proprie emozioni e chiedendo al pubblico di raccontare le loro. Questo crea un legame emotivo tra lo scrittore e il pubblico.

Un'azienda che vende prodotti per la casa potrebbe raccontare la storia di una famiglia che ha utilizzato i suoi prodotti per rendere la propria casa più accogliente. Questo creerebbe un senso di familiarità con il pubblico e lo incoraggerebbe a provare i prodotti.
Lo storytelling è un potente strumento che può essere utilizzato per coinvolgere gli utenti e trasmettere messaggi importanti. Seguendo questi consigli, è possibile creare storie che siano coinvolgenti e autentiche.

BRAND AZIENDALE E BRAND PERSONALE

Il brand aziendale, o marca, è l'identità di un'azienda o di un prodotto che si distingue dagli altri. È la combinazione di elementi, come nome, slogan, logo, comunicazione, storia e reputazione, che funzionano come segno distintivo e identificativo di un'impresa.
La marca racchiude in sé immagini, valori, significato ecc. che

la differenziano dai competitor, determinando il rapporto con il pubblico di riferimento.Ecco alcuni elementi che contribuiscono a creare un brand aziendale forte:

1. Nome: Il nome di un marchio è il primo elemento che le persone associano a un'azienda o a un prodotto. Deve essere breve, facile da ricordare e memorizzare, e deve riflettere i valori dell'azienda.
2. Slogan: Lo slogan è un messaggio breve e conciso che riassume il messaggio del marchio. Deve essere memorabile e accattivante.
3. Logo: Il logo è un'immagine o un simbolo che rappresenta un marchio. Deve essere semplice e riconoscibile.
4. Comunicazione: La comunicazione di un marchio è l'insieme dei messaggi che vengono trasmessi al pubblico di riferimento. Deve essere coerente e coerente con i valori del marchio.
5. Storia: La storia di un marchio è il suo patrimonio e la sua identità. Deve essere autentica e coinvolgente.
6. Reputazione: La reputazione di un marchio è la percezione che il pubblico ha di esso. Deve essere positiva e affidabile.

Un brand aziendale forte è uno strumento prezioso per un'azienda. Può aiutare a:
1. Differenziare l'azienda dai competitor
2. Creare un legame emotivo con il pubblico di riferimento
3. Aumentare le vendite
4. Migliorare la reputazione dell'azienda

È importante investire nella creazione e nella gestione di un brand aziendale forte. È un processo continuo che richiede tempo e impegno, ma è un investimento che ripaga nel lungo termine.
La marca è un bene intangibile, ovvero non ha una forma fisica. È percepita dai consumatori attraverso i loro sensi e le loro emozioni.
La marca è la ragione per la quale un consumatore sceglie un prodotto anziché un altro. È il motivo per cui è disposta a pagare di più per quel prodotto, a parità di qualità e attributi.
La marca è un elemento determinante nel rapporto tra azienda e

consumatore. È ciò che crea un legame emotivo tra il consumatore e il prodotto o l'azienda.

Ecco alcuni esempi di come la marca può influenzare le decisioni di acquisto dei consumatori:
1. Un consumatore può scegliere un prodotto di una marca che conosce e di cui si fida, anche se è più costoso di un prodotto di una marca sconosciuta.
2. Un consumatore può essere disposto a pagare di più per un prodotto di una marca che condivide i suoi valori.
3. Un consumatore può essere più propenso a provare un nuovo prodotto di una marca che ha una buona reputazione.

Le aziende investono molto nella creazione e nella gestione di un brand forte. È un investimento che ripaga nel lungo termine, in quanto può portare a:
1. Aumentare le vendite
2. Migliorare la fedeltà dei clienti
3. Creare un vantaggio competitivo

In conclusione, la marca è un elemento fondamentale per le aziende che vogliono avere successo. È ciò che differenzia un'azienda dai suoi competitor e crea un legame emotivo con i consumatoriLa marca non è solo il nome, il logo o il design. È l'insieme delle percezioni e sensazioni che i consumatori hanno di un prodotto o di un'azienda. È ciò che i consumatori pensano, sentono e credono di un marchio.
La marca è un bene intangibile, ma può avere un valore molto elevato. Il valore di una marca è determinato da diversi fattori, tra cui:
1. La notorietà: La notorietà è la misura in cui i consumatori sono consapevoli di un marchio.
2. La preferenza: La preferenza è la misura in cui i consumatori preferiscono un marchio rispetto ad altri.
3. La fedeltà: La fedeltà è la misura in cui i consumatori sono propensi a continuare a utilizzare un marchio.

Le aziende che investono nella creazione e nella gestione di un marchio forte possono ottenere un vantaggio competitivo significativo. Un marchio forte può aiutare un'azienda a:

1. Differenziarsi dai competitor
2. Creare un legame emotivo con i consumatori
3. Aumentare le vendite
4. Migliorare la redditività

In conclusione, la marca è un elemento fondamentale per il successo di un'azienda. È ciò che differenzia un'azienda dai suoi competitor e crea un legame emotivo con i consumatori.

L'affermazione che la marca possiede un valore più elevato rispetto all'insieme di tutte le altre risorse è una valutazione soggettiva, ma è un'affermazione che è supportata da molti dati.

Ad esempio, uno studio di Interbrand ha stimato che il valore di marca di Apple è di oltre 260 miliardi di dollari. Questo valore è superiore al valore di tutte le altre risorse di Apple, inclusi i suoi prodotti, i suoi stabilimenti e i suoi dipendenti.

Un altro studio, condotto da McKinsey & Company, ha rilevato che il valore di marca è un fattore determinante nel successo delle aziende. Le aziende con un marchio forte hanno maggiori probabilità di avere un fatturato e un profitto superiori rispetto alle aziende con un marchio debole.

In conclusione, la marca è un bene prezioso per le aziende. È un bene che può essere creato e gestito, e che può avere un impatto significativo sul successo di un'azienda.

Philip Kotler e Gary Armstrong hanno identificato quattro categorie di marca sulla base del tipo di sponsorizzazione della marca:

1. Marca nazionale o marca del produttore: quando il produttore vende i prodotti con la propria marca. Ad esempio, Coca-Cola, Apple, Nike, ecc.
2. Marca commerciale o marca del distributore: quando il produttore vende un prodotto ai rivenditori e questi gli attribuiscono una marca da loro creata e gestita. Ad esempio, Great Value (Wal-

mart), Market Pantry (Target), ecc.

3. Marca su licenza: quando un'impresa acquista la licenza di utilizzo di nomi o simboli creati da altri produttori, nomi di personaggi celebri, film, libri ecc. Ad esempio, i prodotti di abbigliamento con il marchio Disney, i prodotti alimentari con il marchio MasterChef, ecc.

4. Co-branding: quando vi è l'utilizzo del nome di due marche, la cui reputazione è già ben consolidata, per promuovere un determinato prodotto. Ad esempio, la collaborazione tra Nike e Apple per la creazione di Apple Watch Nike+, la collaborazione tra Coca-Cola e Fanta per la creazione di Fanta Zero Coca-Cola, ecc.

Questa classificazione è basata sul fatto che il produttore o il distributore è responsabile della creazione, della gestione e della promozione della marca.

Esistono anche altre categorie di marca che possono essere identificate sulla base di altri criteri, come:

1. Marca esclusiva: quando la marca è associata a un solo prodotto o servizio. Ad esempio, Kleenex è una marca esclusiva di fazzoletti di carta.

2. Marca estesa: quando la marca è associata a una linea di prodotti o servizi diversi. Ad esempio, Dove è una marca estesa che include prodotti per la cura della pelle, prodotti per la cura dei capelli e prodotti per la cura del corpo.

3. Marca globale: quando la marca è riconosciuta e utilizzata in tutto il mondo. Ad esempio, Coca-Cola è una marca globale.

La scelta della categoria di marca più appropriata dipende da diversi fattori, tra cui la strategia di marketing dell'azienda, il target di riferimento e il budget.

È possibile distinguere le marche sulla base del portafoglio prodotti ad esse legate:

1. Marca prodotto: usata per contrassegnare un determinato prodotto. Ad esempio, la marca "Coca-Cola" è una marca prodotto, in quanto è associata a un solo prodotto, ovvero la bevanda Coca-Cola.

2. Marca gamma: usata per identificare prodotti che soddisfano bisogni simili. Ad esempio, la marca "Dove" è una marca gamma, in quanto è associata a una linea di prodotti per la cura della pelle, dei capelli e del corpo.

3. Marca ombrello: usata per identificare diversi prodotti che soddisfano bisogni anche molto lontani tra loro. Ad esempio, la marca "Nike" è una marca ombrello, in quanto è associata a una vasta gamma di prodotti, tra cui scarpe, abbigliamento, attrezzature sportive e accessori.

Questa classificazione è basata sul fatto che la marca è associata a un solo prodotto, a una linea di prodotti simili o a una vasta gamma di prodotti diversi.

La scelta della categoria di marca più appropriata dipende da diversi fattori, tra cui la strategia di marketing dell'azienda, il target di riferimento e il budget.

Ecco alcuni esempi di marche di prodotti, marche gamma e marche ombrello:

Marche prodotto:

Coca-Cola

Nutella

iPhone

Tesla

Marche gamma:

Dove

Philips

Ikea

Amazon

Marche ombrello:

Nike

Apple

Samsung

Disney

I requisiti di validità del marchio sono:

1. L'originalità: ossia la capacità distintiva del marchio. Un mar-

chio è originale se è in grado di distinguere i prodotti o servizi di un'impresa da quelli di altri operatori economici. Per esempio, un marchio può essere composto da parole di fantasia, da immagini, da suoni o da una combinazione di questi elementi.

2. La novità: ossia che il marchio deve essere diverso rispetto ad altri marchi e segni distintivi ad esso simili e sui quali siano stati già acquisiti dei diritti da parte di terzi. Per esempio, un marchio non può essere registrato se è identico o simile a un marchio già registrato per prodotti o servizi identici o affini.

3. La liceità: ossia la conformità alla legge, all'ordine pubblico e al buon costume. Un marchio non può essere registrato se è contrario alla legge, all'ordine pubblico o al buon costume. Per esempio, un marchio non può essere registrato se è offensivo o discriminatorio.

La mancata violazione di altri diritti esclusivi dei terzi: ossia che il marchio non può violare altri diritti esclusivi di terzi, come il diritto d'autore, il diritto sul nome commerciale o il diritto sui brevetti. Per esempio, un marchio non può essere registrato se è identico o simile a un nome commerciale o a un brevetto già registrato.

La registrazione di un marchio conferisce al titolare un diritto esclusivo di utilizzarlo per i prodotti o servizi per i quali è stato registrato. Questo diritto esclusivo è valido per un periodo di 10 anni, rinnovabile per ulteriori periodi di 10 anni.

La registrazione di un marchio è un processo complesso che richiede l'assistenza di un avvocato specializzato in diritto industriale.

La marca, il marchio e il branding sono concetti spesso confusi, ma hanno significati distinti.La marca è l'insieme dei valori, segni e immagini che si riferiscono ad un determinato prodotto o servizio. La marca è ciò che i consumatori associano a un marchio, ovvero la percezione che hanno di esso.

Il marchio è il nome, il simbolo, il disegno o una combinazione di questi elementi, che viene utilizzato per identificare un prodotto o un servizio. Il marchio è un elemento tangibile della marca, ma non è l'unica componente.

Il branding è il processo di creazione e gestione di una marca. Il branding comprende tutte le attività che un'azienda svolge per creare, sviluppare e rafforzare la propria marca.

La marca è un concetto astratto che rappresenta l'insieme delle percezioni e sensazioni che i consumatori hanno di un prodotto o di un'azienda. La marca è ciò che i consumatori pensano, sentono e credono di un marchio.

La marca è costituita da diversi elementi, tra cui:

1. Nome: Il nome è il primo elemento che i consumatori associano a un marchio. Deve essere breve, facile da ricordare e memorizzare, e deve riflettere i valori dell'azienda.

2. Slogan: Lo slogan è un messaggio breve e conciso che riassume il messaggio del marchio. Deve essere memorabile e accattivante.

3. Logo: Il logo è un'immagine o un simbolo che rappresenta un marchio. Deve essere semplice e riconoscibile.

4. Comunicazione: La comunicazione di un marchio è l'insieme dei messaggi che vengono trasmessi al pubblico di riferimento. Deve essere coerente e coerente con i valori del marchio.

5. Storia: La storia di un marchio è il suo patrimonio e la sua identità. Deve essere autentica e coinvolgente.

6. Reputazione: La reputazione di un marchio è la percezione che il pubblico ha di esso. Deve essere positiva e affidabile.

Il marchio è un elemento tangibile della marca. È il nome, il simbolo, il disegno o una combinazione di questi elementi, che viene utilizzato per identificare un prodotto o un servizio.Il marchio è un elemento importante della marca, perché è ciò che i consumatori associano immediatamente a un prodotto o a un'azienda. Il marchio deve essere unico e distintivo, in modo da poter essere facilmente riconosciuto e memorizzato.

Branding è il processo di creazione e gestione di una marca. Il branding comprende tutte le attività che un'azienda svolge per creare, sviluppare e rafforzare la propria marca.Il marchio è l'elemento grafico alla quale affidiamo il compito di comunicare.

Il marchio è l'elemento tangibile della marca che viene utilizzato per comunicare con i consumatori. Il marchio deve essere unico e distintivo, in modo da poter essere facilmente riconosciuto e memorizzato.

Con la parola branding ci riferiamo a tutte le attività che riguardano la costruzione del progetto.Il branding è un processo complesso che comprende diverse attività, tra cui:

1. Creazione del nome e del logo del marchio
2. Sviluppo della strategia di comunicazione del marchio
3. Gestione della reputazione del marchio
4. Protezione del marchio

Il branding è un processo che si basa su tattiche e strategie di marketing. L'obiettivo del branding è creare una marca forte e distintiva, che si ricordi delle persone per determinati valori.Ecco alcuni esempi di come il branding può essere utilizzato per far sì che le persone si ricordino di un prodotto per determinati valori:

1. Apple: Il branding di Apple si basa sui valori di innovazione, design e qualità.
2. Nike: Il branding di Nike si basa sui valori di sport, performance e stile.
3. Coca-Cola: Il branding di Coca-Cola si basa sui valori di felicità, condivisione e convivialità.

Il brand aziendale esiste da molto più tempo di noi e non riguarda noi personalmente. Noi siamo solo i rappresentanti di un'azienda che ha un suo brand con una lunga storia dietro.Il brand personale, invece, riguarda noi personalmente. È il nostro modo di fare le cose, il nostro modo di porci, di interagire, di trasmettere le emozioni al cliente. È il motivo per cui gli altri ci scelgono.Il brand personale è importante per il successo professionale. Un brand personale forte può aiutarci a:

1. Creare un legame con i clienti
2. Differenziarci dai competitor
3. Aumentare la nostra credibilità
4. Raggiungere i nostri obiettivi professionali

Fare personal branding significa mettere in risalto i nostri punti di forza, le nostre unicità, le nostre inclinazioni e motivazioni e metterle in relazione con i nostri obiettivi di medio e lungo periodo.

Il personal branding è un processo che ci aiuta a definire la nostra identità professionale e a comunicare i nostri valori e competenze al mondo. È un processo che richiede tempo e impegno, ma può essere molto gratificante.

Il personal branding è un investimento che può aiutarti a raggiungere i tuoi obiettivi professionali e personali.

Nel mondo del lavoro, il curriculum vitae non basta più. È importante utilizzare delle strategie comunicative efficaci per mettere in risalto le nostre competenze e farci notare.

Ecco alcuni consigli per utilizzare strategie comunicative efficaci:

1. Sii autentico: le persone possono percepire quando non sei autentico. Sii te stesso e lascia che la tua personalità traspaia nella tua comunicazione.

2. Sii coerente: assicurati che il tuo messaggio sia coerente in tutti i tuoi canali di comunicazione.

3. Sii positivo: le persone sono più attratte da chi è positivo e ottimista.

4. Sii attivo: non aspettare che le opportunità arrivino a te. Creale tu stesso partecipando a eventi, networking e condividendo contenuti sui social media.

Utilizzando strategie comunicative efficaci, puoi aumentare le tue possibilità di successo nel mondo del lavoro.Non possiamo trascurare più l'aspetto del curare la nostra immagine e reputazione, sia nel mondo digitale che fisico. Nel mondo digitale, la nostra immagine e reputazione sono determinate dai contenuti che condividiamo sui social media, dai commenti che facciamo e dalle interazioni che abbiamo con gli altri.

Nel mondo fisico, la nostra immagine e reputazione sono determinate dal nostro aspetto, dal nostro modo di vestire e dal nostro comportamento.

Il personal brand ci è utile per creare un ottimo biglietto da visita per fare una buona prima impressione. Un personal brand forte e positivo può aiutarci a:

1. Creare un legame con gli altri
2. Differenziarci dai competitor
3. Aumentare la nostra credibilità
4. Raggiungere i nostri obiettivi personali e professionali

Il personal branding è utile a tutti, indipendentemente dal settore in cui si opera o dal livello di esperienza.Ecco alcuni esempi di persone che possono beneficiare del personal branding:

1. Persone che cercano lavoro: il personal branding può aiutare le persone a farsi notare dai potenziali datori di lavoro e a distinguersi dalla concorrenza.
2. Imprenditori: il personal branding può aiutare gli imprenditori a costruire la propria reputazione e a creare relazioni con i clienti.
3. Freelancer: il personal branding può aiutare i freelancer a farsi conoscere e a trovare nuovi clienti.
4. Persone che vogliono cambiare carriera: il personal branding può aiutare le persone a cambiare carriera e a farsi conoscere in un nuovo settore.
5. Persone che vogliono promuovere la propria passione: il personal branding può aiutare le persone a promuovere la propria passione e a raggiungere un pubblico più ampio.

In generale, il personal branding può essere utile a chiunque voglia:

1. Creare un'identità professionale forte
2. Differenziarsi dai competitor
3. Aumentare la propria credibilità
4. Raggiungere i propri obiettivi personali e professionali

Investire nel personal branding non significa solo spiccare a livello lavorativo, significa anche godere di soddisfazioni a livello personale non indifferenti. Quando costruiamo un personal brand forte e positivo, ci sentiamo più sicuri di noi stessi e più motivati a raggiungere i nostri obiettivi.

Ecco alcuni vantaggi del personal branding:
1. Maggiore visibilità e notorietà
2. Maggiori opportunità lavorative
3. Maggiore credibilità e autorevolezza
4. Maggiore soddisfazione personale

Se stai pensando di investire nel personal branding, ecco alcuni consigli per iniziare:
1. Conosci te stesso: il primo passo è conoscere te stesso e le tue capacità. Cosa ti rende unico? Quali sono i tuoi punti di forza? Quali sono i tuoi valori?
2. Definisci i tuoi obiettivi: cosa vuoi ottenere con il tuo personal branding? Vuoi trovare un lavoro? Vuoi avviare la tua attività? Vuoi essere un influencer?
3. Crea una strategia: una volta che hai definito la tua identità e i tuoi obiettivi, è il momento di creare una strategia per raggiungerli. Quali canali utilizzerai per comunicare il tuo brand? Quali contenuti creerai?
4. Sii coerente: è importante essere coerenti con la tua identità e i tuoi valori in tutte le tue attività di personal branding.
5. Sii attivo: il personal branding è un processo continuo. È important-ante essere attivi e impegnarsi per promuovere il tuo brand.

Il personal branding è rivolto a varie tipologie di persone, ognuna con le proprie esigenze e obiettivi.I neolaureati in cerca di una prima occupazione hanno bisogno di farsi notare dai potenziali datori di lavoro e di distinguersi dalla concorrenza. Per farlo, è importante valorizzare le esperienze extracurriculari, aver fatto parte di un'associazione, aver sviluppato un progetto personale, aver svolto lavori stagionali o part-time, insomma tutto quello che può farli distinguere dagli altri studenti.
I liberi professionisti o freelancer hanno bisogno di farsi conoscere e trovare nuovi clienti. Per farlo, è importante mettere in risalto l'offerta che propongono e il perché i clienti dovrebbero scegliere loro. È importante comunicare i propri valori, la propria

storia e mostrarsi trasparenti.

Tutti coloro che operano come medici, avvocati, commercialisti, consulenti ecc. trovano grandi vantaggi nell'investire tempo nella cura della propria immagine. In questo caso, sarebbe utile fornire valore alle persone dando consigli, per farsi conoscere all'inizio e trovare nuove collaborazioni. È importante far emergere il lato umano, quindi essere se stessi, dimostrarsi disponibili e professionali.

Le persone in cerca di una nuova occupazione hanno già esperienze lavorative pregresse. L'importante è mettere in risalto le skills che servono per trovare il lavoro che stanno cercando. Possono mostrare i risultati già ottenuti, qualche feedback di colleghi o responsabili.

In conclusione, il personal branding è un processo importante per chiunque voglia raggiungere i propri obiettivi personali e professionali.

Il personal branding è utile a chiunque voglia "farsi conoscere" per quello che sa fare. È utile anche per chi vuole ampliare la propria cerchia sociale, per chi vuole mettersi in gioco in un nuovo progetto e chissà, anche per trovare nuove opportunità lavorative.

Il personal branding è un processo continuo che richiede tempo e impegno, ma è un investimento che ripaga nel lungo termine. Quando costruiamo un personal brand forte e positivo, ci sentiamo più sicuri di noi stessi e più motivati a raggiungere i nostri obiettivi.

Ecco alcuni consigli per costruire un personal brand forte:

1. Conosci te stesso: il primo passo è conoscere te stesso e le tue capacità. Cosa ti rende unico? Quali sono i tuoi punti di forza? Quali sono i tuoi valori?

2. Definisci i tuoi obiettivi: cosa vuoi ottenere con il tuo personal branding? Vuoi trovare un lavoro? Vuoi avviare la tua attività? Vuoi essere un influencer?

3. Crea una strategia: una volta che hai definito la tua identità e i tuoi obiettivi, è il momento di creare una strategia per raggiungerli. Quali canali utilizzerai per comunicare il tuo brand? Quali

contenuti creerai?

4. Sii coerente: è importante essere coerenti con la tua identità e i tuoi valori in tutte le tue attività di personal branding.

5. Sii attivo: il personal branding è un processo continuo. È importante essere attivi e impegnarsi per promuovere il tuo brand.

Se segui questi consigli, sarai sulla buona strada per costruire un personal brand forte e positivo che ti aiuterà a raggiungere i tuoi obiettivi personali e professionali.

Costruire il proprio marchio implica un'analisi e un'osservazione profonda di ciò che siamo e di ciò che vogliamo realizzare per noi stessi e per gli altri. Si tratta quindi di un lavoro introspettivo non fine a se stesso ma volto a saper raccontare e comunicare il proprio valore.

Quando costruiamo il nostro personal brand, dobbiamo partire da un'analisi di noi stessi. Dobbiamo capire quali sono i nostri punti di forza, le nostre passioni, i nostri valori. Dobbiamo capire cosa ci rende unici e cosa ci rende speciali.

Una volta che abbiamo una buona conoscenza di noi stessi, possiamo iniziare a costruire la nostra immagine pubblica. Dobbiamo scegliere un tono di voce coerente con la nostra personalità. Dobbiamo creare contenuti che siano interessanti e coinvolgenti. Dobbiamo interagire con gli altri in modo positivo e costruttivo.

Il personal branding è un processo continuo che richiede tempo e impegno. Ma è un investimento che ripaga nel lungo termine. Quando costruiamo un personal brand forte e positivo, ci sentiamo più sicuri di noi stessi e più motivati a raggiungere i nostri obiettivi.Il personal branding è importante perché ci aiuta a:

1. Creare una nostra identità professionale forte e positiva
2. Distinguerci dalla concorrenza
3. Farci notare dai potenziali datori di lavoro o clienti
4. Raggiungere i nostri obiettivi personali e professionali

Il personal branding è un processo continuo che richiede tempo e impegno. Ma è un investimento che ripaga nel lungo termine. Quando costruiamo un personal brand forte e positivo, ci sentiamo più sicuri di noi stessi e più motivati a raggiungere i nostri obiettivi.

Ecco alcuni dei vantaggi del personal branding:
1. Maggiore visibilità e notorietà
2. Maggiori opportunità lavorative
3. Maggiore credibilità e autorevolezza
4. Maggiore soddisfazione personale

I principali vantaggi di fare personal branding sono numerosi e possono essere raggruppati in due categorie principali:
Vantaggi professionali:
1. Unicità: il personal branding ci aiuta a distinguerci dalla concorrenza e a creare una nostra identità professionale forte e positiva.
2. Autorevolezza: il personal branding ci aiuta a costruire credibilità e autorevolezza, sia agli occhi dei potenziali datori di lavoro che dei clienti.
3. Opportunità: il personal branding ci aiuta ad attirare nuove opportunità lavorative e professionali.

Vantaggi personali:
1. Percezione di professionalità: il personal branding ci aiuta a trasmettere una percezione di professionalità e competenza agli altri.
2. Ampliamento del network: il personal branding ci aiuta a creare nuove relazioni e a ampliare il nostro network di persone.
3. Acquisizione di nuovi clienti: il personal branding ci aiuta ad acquisire nuovi clienti, sia per chi è un libero professionista che per chi lavora in un'azienda.

Ecco alcuni esempi concreti di come il personal branding può essere vantaggioso:
1. Un giovane neolaureato può utilizzare il personal branding per farsi notare dai potenziali datori di lavoro e distinguersi dalla concorrenza.

2. Un professionista può utilizzare il personal branding per costruire la propria reputazione e acquisire nuovi clienti.

3. Un imprenditore può utilizzare il personal branding per promuovere la sua attività e attirare nuovi clienti.

4. Il personal branding è un processo continuo che richiede tempo e impegno, ma è un investimento che ripaga nel lungo termine. Quando costruiamo un personal brand forte e positivo, ci sentiamo più sicuri di noi stessi e più motivati a raggiungere i nostri obiettivi.

Il personal branding è importante perché ci aiuta a costruire una reputazione positiva e a distinguerci dalla concorrenza. Quando dobbiamo scegliere un prodotto o un servizio, siamo più propensi a rivolgerci a qualcuno che conosciamo e di cui ci fidiamo. Il personal branding ci permette di creare questa fiducia, comunicando i nostri valori, le nostre competenze e la nostra esperienza.

In particolare, il personal branding ci aiuta a:

Avere maggiore visibilità e riconoscibilità. Quando costruiamo un personal brand, ci rendiamo più visibili e riconoscibili agli occhi degli altri. Questo ci permette di raggiungere un pubblico più ampio e di aumentare le nostre opportunità di lavoro o di business.

Creare una reputazione positiva. Il personal branding ci aiuta a costruire una reputazione positiva, basata sulle nostre competenze, esperienze e valori. Questo ci rende più affidabili e ci aiuta a conquistare la fiducia degli altri.

Differenziarsi dalla concorrenza. In un mercato sempre più competitivo, è importante differenziarsi dalla concorrenza. Il personal branding ci aiuta a farlo, comunicando il nostro valore aggiunto e ciò che ci rende unici.

In conclusione, il personal branding è un investimento importante per la nostra carriera e la nostra vita professionale. Dedicare del tempo e delle energie a costruire un personal brand forte ci permette di raggiungere i nostri obiettivi e di avere successo.

Ecco alcuni consigli per costruire un personal brand efficace:

1. Definisci la tua mission e i tuoi valori. Cosa vuoi comunicare agli

altri? Quali sono i tuoi obiettivi?

2. Concentrati sui tuoi punti di forza. Cosa sai fare meglio di chiunque altro?

3. Crea contenuti di qualità. I contenuti che pubblichi devono essere utili e interessanti per il tuo pubblico.

4. Sii coerente. Comunica il tuo personal brand in modo coerente su tutti i canali.

5. Costruisci relazioni. Connettiti con gli altri e crea relazioni significative.

6. Segui questi consigli e inizierai a costruire un personal brand forte che ti aiuterà a raggiungere i tuoi obiettivi.

Il personal branding consente di raggiungere un obiettivo molto importante: creare una community di persone interessate a quello che si fa. Questa community può essere composta da potenziali clienti, collaboratori, amici o semplici persone che condividono i nostri valori e le nostre passioni.

La creazione di una community è importante perché ci permette di:

1. Condividere il nostro lavoro e le nostre idee con un pubblico più ampio.

2. Raccogliere feedback e suggerimenti per migliorare il nostro lavoro.

3. Collaborare con altri professionisti per raggiungere obiettivi comuni.

4. Creare un senso di appartenenza e di condivisione.

Quando costruiamo un personal brand forte, ci rendiamo visibili e riconoscibili agli occhi degli altri. Questo ci permette di attirare persone che sono interessate a quello che facciamo. Quando interagiamo con queste persone, costruiamo relazioni e creiamo una community.

La community è un elemento fondamentale del personal branding. È un modo per consolidare la nostra reputazione, raggiungere i nostri obiettivi e avere successo.

Ecco alcuni consigli per creare una community:

Sii autentico e trasparente. Le persone sono attratte da chi è autentico e trasparente.

Crea contenuti di qualità. I contenuti che pubblichi devono essere utili e interessanti per il tuo pubblico.

Interagisci con gli altri. Rispondi ai commenti e alle domande, partecipa alle discussioni e crea relazioni significative.

Organizza eventi e incontri. Gli eventi e gli incontri sono un modo per incontrare le persone e costruire relazioni dal vivo.

Segui questi consigli e inizierai a creare una community di persone interessate a quello che fai.

IL POTERE DELLA PERSUASIONE

i principi di Aristotele per una comunicazione efficace sono ancora oggi attuali e rappresentano i pilastri per persuadere le persone.

Ethos è la credibilità dell'oratore. L'oratore deve essere percepito come onesto, competente e affidabile. Questo può essere fatto attraverso una comunicazione chiara e concisa, l'uso di argomenti validi e la dimostrazione di esperienza o competenza.

Pathos è l'emotività. L'oratore deve essere in grado di suscitare emozioni nel pubblico. Questo può essere fatto attraverso l'uso di storie, esempi personali o appelli alla compassione.

Logos è la logica. L'oratore deve presentare argomenti validi e convincenti. Questo può essere fatto attraverso la presentazione di fatti, statistiche o prove.

Questi tre principi sono interconnessi e si rafforzano a vicenda. Un oratore che è in grado di utilizzare efficacemente tutti e tre i principi sarà più in grado di persuadere il suo pubblico.

Nel contesto aristotelico, il pathos è uno dei tre principi fondamentali della retorica, insieme alla logos e all'ethos. Il pathos è l'appello alle emozioni del pubblico, e può essere utilizzato per suscitare compassione, paura, gioia o rabbia.

L'empatia è quindi una forma di pathos, in quanto è la capacità di comprendere e condividere le emozioni di un'altra persona. È una capacità fondamentale per le relazioni interpersonali, in quanto ci permette di connetterci con gli altri a un livello profondo.

In ambito lavorativo, l'empatia è una qualità importante per i leader. Un leader empatico è in grado di comprendere e rispondere ai bisogni dei propri collaboratori, e di creare un ambiente di lavoro positivo e produttivo.

Ecco alcuni esempi di come l'empatia può essere utilizzata nelle relazioni e nella leadership:

1. In una relazione, l'empatia può aiutare a comprendere i bisogni e i sentimenti del proprio partner. Questo può portare a una comunicazione più efficace e a una maggiore intimità.

2. In ambito lavorativo, l'empatia può aiutare un leader a capire le preoccupazioni dei propri collaboratori e a trovare soluzioni che siano vantaggiose per tutti.

In conclusione, l'empatia è una capacità preziosa che può essere utilizzata in diversi contesti per migliorare le relazioni e la leadership.

L'empatia è una capacità che può essere coltivata e sviluppata. Con un po' di impegno, tutti possiamo diventare più empatici e costruire relazioni più significative con gli altri.In un contesto lavorativo, l'empatia può aiutare a creare un ambiente di lavoro più positivo e produttivo.L'empatia è una qualità preziosa che può arricchire la nostra vita e quella degli altri.

.La sincerità è una qualità preziosa che può arricchire la nostra vita e quella degli altri.L'empatia e la sincerità sono due qualità che si completano a vicenda e che possono essere utilizzate per creare un rapporto di fiducia con gli altri.

Quando siamo empatici, siamo in grado di comprendere e condividere le emozioni dell'altra persona. Questo ci permette di creare un legame con l'interlocutore e di farlo sentire compreso e accettato.

Quando siamo sinceri, siamo in grado di costruire fiducia. Le persone si fidano di chi è sincero, perché sanno che possono contare su di lui o lei.

Quando uniamo empatia e sincerità, creiamo un circolo virtuoso che ci permette di connetterci con gli altri a un livello profondo. Questo ci rende più persuasivi, perché gli altri sono più propensi a fidarsi di noi e a seguire i nostri consigli.

Ecco alcuni esempi di come empatia e sincerità possono essere utilizzate per la persuasione:

In una vendita, un venditore empatico può capire le esigenze del cliente e offrire una soluzione che sia vantaggiosa per entrambi.

In un dibattito, un oratore sincero può convincere il pubblico della sua posizione.

In conclusione, empatia e sincerità sono due qualità che possono essere utilizzate per migliorare le nostre relazioni e la nostra capacità di persuasione.

L'intelligenza emotiva è un concetto che è stato sviluppato negli ultimi anni e che sta assumendo sempre più importanza.

L'intelligenza emotiva è la capacità di riconoscere, comprendere e gestire le proprie emozioni e le emozioni degli altri. È una capacità fondamentale per la comunicazione efficace, in quanto ci permette di capire il punto di vista dell'altra persona e di costruire relazioni positive.

Come hai sottolineato, l'intelligenza emotiva si può dividere in due componenti principali:

1. L'intelligenza interpersonale è la capacità di capire gli altri, i

loro sentimenti, i loro bisogni e le loro motivazioni. Le persone con un'intelligenza interpersonale sviluppata sono in grado di entrare in empatia con gli altri, di costruire relazioni significative e di risolvere i conflitti in modo costruttivo.

2. L'intelligenza intrapersonale è la capacità di capire se stessi, i propri sentimenti, i propri pensieri e le proprie motivazioni. Le persone con un'intelligenza intrapersonale sviluppata sono in grado di gestire le proprie emozioni in modo sano, di prendere decisioni efficaci e di raggiungere i propri obiettivi.

Per comunicare efficacemente, è importante sviluppare entrambe le componenti dell'intelligenza emotiva. L'intelligenza interpersonale ci permette di capire l'altra persona e di costruire un rapporto di fiducia, mentre l'intelligenza intrapersonale ci permette di esprimere i nostri pensieri e sentimenti in modo chiaro e assertivo.

L'intelligenza emotiva è una capacità che può essere sviluppata e migliorata con l'esercizio. Con un po' di impegno, tutti possiamo diventare più intelligenti emotivamente e migliorare la nostra comunicazione.

Saper ascoltare è una capacità fondamentale per la comunicazione efficace. L'ascolto attivo è la capacità di prestare attenzione a ciò che l'altra persona sta dicendo, sia a livello verbale che non verbale.

Quando ascoltiamo attivamente, siamo in grado di cogliere i dettagli e i particolari che ci permetteranno di comprendere meglio il punto di vista dell'altra persona. Questo ci aiuterà a dare risposte più efficaci e a costruire relazioni più significative.

L'ascolto attivo è una capacità che può essere sviluppata e migliorata con l'esercizio. Con un po' di impegno, tutti possiamo diventare ascoltatori più efficaci.

Ecco alcuni esempi di come l'ascolto attivo può essere utilizzato per migliorare la comunicazione:

In un contesto lavorativo, l'ascolto attivo può aiutare a risolvere i conflitti e a creare un ambiente di lavoro positivo.

In una situazione di emergenza, l'ascolto attivo può aiutare a fornire supporto e assistenza.

In conclusione, l'ascolto attivo è una capacità preziosa che può essere utilizzata in diversi contesti per migliorare la comunicazione e le relazioni.

PERSONAL BRAND VINCENTE

Gli 11 criteri individuati da Hubert K. Rampersad per generare in modo efficace un personal brand sono:

1. Autenticità: il brand deve essere sviluppato partendo dalla vera personalità che mette in risalto il carattere, lo stile, i valori e la

visione.

2. Integrità: il brand rispecchia anche il codice morale ed etico della persona.

3. Consistenza: è necessario averla nei comportamenti e nelle azioni.

4. Specializzazione: focalizzarci su uno specifico ambito o su una particolare capacità.

5. Autorità: è importante essere riconosciuti esperti in un determinato settore.

6. Caratteristiche: bisogna differenziarsi dai concorrenti con caratteristiche uniche.

7. Rilevanza: offrire contenuti per il proprio target.

8. Visibilità: è fondamentale farsi riconoscere anche nel lungo periodo.

9. Persistenza: il brand ha bisogno di tempo per svilupparsi quindi bisogna avere pazienza.

10. Buona volontà: rapportarsi in modo positivo con il pubblico.

11. Performance: bisogna migliorarsi continuamente per arrivare al successo.

Questi criteri sono fondamentali per creare un personal brand solido e duraturo, che sia in grado di generare risultati positivi.

Autenticità e integrità sono le basi di un personal brand efficace. Un brand che non è autentico e non rispecchia la vera personalità della persona non sarà credibile e non sarà in grado di generare fiducia.

Consistenza è un altro criterio fondamentale. Un brand che è inconsistente nei comportamenti e nelle azioni non sarà percepito come affidabile.

La specializzazione è importante per distinguersi dai concorrenti e per emergere.

Autorità è un altro elemento chiave per un personal brand efficace. È importante essere riconosciuti come esperti in un determinato settore.

Caratteristiche uniche sono un modo per differenziarsi dai concorrenti e per rendere il proprio brand più memorabile.

La rilevanza è importante per raggiungere il proprio target. È necessario creare contenuti che siano interessanti e pertinenti per il proprio pubblico.

La visibilità è fondamentale per farsi conoscere e per raggiungere il proprio target.

La persistenza è necessaria per costruire un personal brand di successo. Il brand ha bisogno di tempo per svilupparsi e per raggiungere i propri obiettivi.

La buona volontà è importante per rapportarsi in modo positivo con il pubblico. Un brand che è percepito come positivo e affidabile sarà più propenso a generare fiducia.

La performance è un elemento fondamentale per il successo di un personal brand. È importante migliorare continuamente le proprie competenze e la propria attività per mantenere il proprio brand competitivo.

In conclusione, i criteri individuati da Hubert K. Rampersad forniscono una guida completa per creare un personal brand efficace. Seguendo questi criteri, sarà possibile creare un brand che sia autentico, affidabile e di successo.

Un personal brand autentico è basato sui valori e sulle qualità reali di una persona. Questo significa che è più facile per gli altri fidarsi e credere a ciò che dice e fa.

Un personal brand ben definito comunica chiaramente al pubblico chi è una persona, cosa fa e cosa la rende unica. Questo aiuta a costruire relazioni più forti e a creare aspettative realistiche.

Il personal brand può influenzare il modo in cui gli altri ci percepiscono. Se ci presentiamo come persone competenti, affidabili e professionali, è più probabile che gli altri ci vedano in questo modo.

Un personal brand forte e coerente crea un'identità riconoscibile. Questo rende più facile per le persone ricordare chi sei e cosa fai.

Quando i potenziali clienti capiscono come puoi aiutarli a risolvere i loro problemi, sono più propensi a scegliere te.

In un mondo in cui tutti sono in competizione per l'attenzione, un personal brand autentico può aiutarti a distinguerti dalla concorrenza.

In conclusione, un autentico personal brand è uno strumento potente che può aiutarti a raggiungere i tuoi obiettivi personali e professionali.

Un concetto importante da ricordare è che fare Personal branding in modo autentico non ha nulla a che fare con la promozione di sé stessi, sulla costruzione di un'immagine artefatta, sulle apparenze esteriori e sul diventare famosi, perché questo rischia di produrre l'effetto contrario cioè sembrare egocentrici ed egoisti.

Il personal branding autentico si basa sulla creazione di una presenza distintiva e coerente con la tua personalità. Non si tratta di inventare una personalità diversa o rubare l'identità di qualcun altro, ma di mettere in evidenza le tue caratteristiche peculiari e i tuoi punti di forza. Questo ti aiuterà a distinguerti dagli altri e a raggiungere i tuoi obiettivi personali e professionali.

Per creare un personal brand autentico, devi partire da te stesso e individuare le tue caratteristiche uniche. Non si tratta solo di ciò che fai sui social media o di come ti vesti, ma di tutto ciò che ti rende autentico e vero. Devi essere coerente con il tuo vero io e comunicare in modo efficace ciò che ti rende speciale.

Ricorda che il personal branding autentico non riguarda la promozione egoistica, ma piuttosto la creazione di una connessione autentica con il tuo pubblico. Quando il tuo personal brand è allineato con la tua personalità e i tuoi valori, sarai in grado di creare un impatto duraturo e costruire relazioni significative.

Quando ci amiamo e ci accettiamo per quello che siamo, siamo in grado di comunicare la nostra unicità e di distinguerci dagli altri. L'amore per se stessi è strettamente legato alla consapevolezza di sé. Quando ci conosciamo bene, sappiamo quali sono le nostre competenze, i nostri valori e le nostre passioni. Questo ci permette di creare un personal brand che sia coerente con la nostra vera natura.

Quando ci amiamo, siamo anche più disposti a metterci in gioco e a condividere le nostre idee e le nostre passioni con gli altri. Questo ci rende più interessanti e ci aiuta a creare connessioni con le persone che ci circondano.

Al contrario, quando non ci amiamo, siamo più propensi a nascondere le nostre imperfezioni e a cercare di essere qualcuno che non siamo. Questo ci rende meno autentici e meno convincenti.

Ecco alcuni consigli per sviluppare l'amore per se stessi e per creare un personal brand autentico:

1. Fai un lavoro di introspezione per conoscere meglio te stesso. Pensa ai tuoi valori, alle tue passioni, ai tuoi punti di forza e di debolezza.

2. Accetta te stesso per quello che sei, con i tuoi pregi e i tuoi difetti. Non cercare di essere qualcuno che non sei.

3. Concentrati sui tuoi obiettivi e sulle tue aspirazioni. Avere qualcosa per cui lottare ti darà un senso di scopo e di realizzazione.

4. Cerca di circondarti di persone positive che ti amino e ti supportino.

Quando lavori su questi aspetti, inizierai a sviluppare un amore più profondo per te stesso. Questo ti permetterà di creare un personal brand autentico e di successo.

I punti cardine per creare un personal brand efficace.

1. Posizionamento

Il posizionamento è il processo di definizione di come il tuo personal brand verrà percepito dal tuo pubblico. È importante identificare un posizionamento unico che ti distingua dagli altri. Questo può essere fatto in base alle tue competenze, ai tuoi valori o alla tua personalità.

2. Idea differenziante

L'idea differenziante è il messaggio chiave che vuoi comunicare al tuo pubblico. È ciò che ti rende unico e ti distingue dagli altri. Dovrebbe essere qualcosa di memorabile e di impatto.

3. Target di riferimento

Il target di riferimento è il gruppo di persone a cui stai rivolgendo il tuo personal brand. È importante capire chi sono e quali sono i loro bisogni e desideri. Questo ti aiuterà a creare contenuti e messaggi rilevanti per loro.

4. Content marketing

Il content marketing è il processo di creazione e distribuzione di contenuti di valore per il tuo pubblico. È uno dei modi più efficaci per costruire relazioni e creare fiducia. I contenuti dovrebbero essere pertinenti al tuo target di riferimento e dovrebbero riflettere il tuo posizionamento.

Oltre a questi punti cardine, è importante anche essere costanti e persistenti nella tua strategia di personal branding. Ci vuole tempo e impegno per costruire un personal brand di successo.

Ecco alcuni consigli per implementare una strategia di personal branding efficace:
1. Inizia con un'analisi di sé. Prenditi del tempo per conoscere meglio te stesso, le tue competenze, i tuoi valori e la tua personalità.
2. Definisci il tuo posizionamento. Cosa vuoi che le persone pensino di te? Cosa ti rende unico?
3. Identifica il tuo target di riferimento. A chi ti stai rivolgendo?
4. Crea contenuti di valore. Condividi informazioni e risorse che siano utili e interessanti per il tuo pubblico.
5. Sii costante e persistente. Non aspettarti risultati immediati. Ci vuole tempo per costruire un personal brand di successo.
Con impegno e dedizione, puoi creare un personal brand che ti aiuti a raggiungere i tuoi obiettivi professionali e personali.
Il personal branding e la reputazione digitale sono due concetti strettamente correlati. Il personal branding è l'atto di costruire e gestire la propria immagine pubblica, mentre la reputazione digitale è la percezione che gli altri hanno di noi online.
Un personal brand forte e positivo può aiutare a costruire una reputazione digitale positiva. Quando le persone hanno una buona impressione di noi, sono più propense a fidarsi di noi e a interagire con noi. Questo può portare a opportunità professionali, personali e finanziarie.
Al contrario, una reputazione digitale negativa può danneggiare

il nostro personal brand. Se le persone hanno una cattiva impressione di noi, è meno probabile che ci considerino per opportunità o che ci diano fiducia.

Ecco alcuni modi in cui il personal branding può aiutare a costruire una reputazione digitale positiva:

1. Definire un posizionamento chiaro e coerente. Quando le persone sanno cosa rappresenti, sono più propense a ricordarti e a fidarsi di te.

2. Creare contenuti di valore. Condividi informazioni e risorse che siano utili e interessanti per il tuo pubblico.

3. Essere attivo sui social media. Usa i social media per connetterti con il tuo pubblico e condividere contenuti interessanti.

4. Essere professionale e positivo. Fai attenzione a ciò che dici e fai online.

Ecco alcuni consigli per costruire una reputazione digitale positiva:

1. Sii autentico. Le persone possono percepire quando non sei sincero.

2. Sii positivo. Le persone sono più attratte da chi ha una visione positiva della vita.

3. Sii rispettoso. Evita di dire o fare cose che potrebbero offendere gli altri.

4. Sii coerente. Agisci in modo coerente con il tuo personal brand.

Con impegno e dedizione, puoi costruire un personal brand forte e positivo che ti aiuti a raggiungere i tuoi obiettivi.

FORMAZIONE

I corsi di formazione sul personal branding sono un'ottima opportunità per imparare a costruire una marca personale forte e distintiva. Questi corsi possono essere utili per chiunque voglia migliorare la propria carriera, trovare un nuovo lavoro o semplicemente farsi conoscere meglio.

Esistono diversi tipi di corsi di formazione sul personal branding, che si differenziano per durata, modalità di erogazione e contenuti. Alcuni corsi sono di natura generale, mentre altri si concentrano su un particolare settore o professione.

I corsi di formazione sul personal branding possono essere utili per:

Migliorare la propria carriera: Un personal branding forte può aiutarti a distinguerti dalla concorrenza e a trovare un lavoro migliore.

Trovare un nuovo lavoro: Un personal branding efficace può aiutarti a promuovere te stesso e a trovare un nuovo lavoro in linea con le tue aspirazioni.

Farsi conoscere meglio: Un corso di personal branding può aiutarti a capire meglio te stesso e il tuo valore.

Alcuni dei corsi di formazione sul personal branding più popolari sono:

1. Corso di personal branding di Alura: Questo corso è un'ottima introduzione al personal branding.

2. Formazione Personal Branding di Tami Amaro: Questa formazione è più avanzata e si concentra sulla costruzione di un personal branding efficace per la carriera.

3. Personal Branding Academy: Questa accademia offre una serie di corsi e programmi di formazione sul personal branding.

Quando scegliere un corso di formazione sul personal branding è importante considerare i seguenti fattori:

1. Obiettivi: Qual è il tuo obiettivo con il personal branding? Vuoi migliorare la tua carriera, trovare un nuovo lavoro o semplicemente farti conoscere meglio?

2. Durata: Quanto tempo hai a disposizione per seguire un corso?

3. Modalità di erogazione: Vuoi seguire un corso online, in aula o in modalità blended?

4. Contenuti: Quali contenuti sono più importanti per te? Vuoi imparare i principi del personal branding o vuoi concentrarti su un particolare settore o professione?

Ecco alcuni consigli per scegliere il corso di formazione sul personal branding giusto per te:

1. Fai una ricerca online: Leggi le recensioni dei corsi e confronta i

programmi di formazione offerti da diversi provider.

2. Contatta i provider: Chiedi informazioni sui corsi e sui metodi di insegnamento utilizzati.

3. Partecipa a un webinar o a una demo: Questo ti permetterà di avere un'idea più concreta del corso e del metodo di insegnamento.

4. Se stai pensando di seguire un corso di formazione sul personal branding, ti consiglio di scegliere un corso che sia di qualità e che ti offra le competenze e le conoscenze necessarie per costruire una marca personale forte e distintiva.

BIBLIOGRAFIA

Ecco alcuni libri sul personal branding che potrebbero interessarti:

1. Personal Branding di Luigi Centenaro

2. Digital You: Fai carriera con il Personal Branding Online di William Arruda, Luigi Centenaro e Luigi Ferrara

3. I segreti del personal branding. Ottenere il meglio dalla propria immagine per attrarre business e lavoro di Davide Caiazzo

4. Psicologia del personal branding di Sofia Scatena

5. Personal Branding Formula. 30 capitoli, 30 azioni, 30 giorni di Luca Macellari Palmieri

6. Personal Branding: Il Marketing è il Motivo per Cui Ti Contattano, il Personal Branding è il Motivo per Cui Ti Scelgono di Mi-

chele Liuzzi

7. Creative Personal Branding: The Strategy to Answer: What's Next di Jürgen Salenbacher

8. Positioning. Come farsi vedere e sentire in un mercato sovraffollato di Jack Trout

9. Reinventing You: Define Your Brand, Imagine Your Future di Dorie Clark

10. Branding Pays: The Five-Step System to Reinvent Your Personal Brand di Karen Kang

Questi libri coprono tutti gli aspetti del personal branding, dalla definizione del proprio posizionamento alla creazione di contenuti efficaci. Sono una risorsa preziosa per chiunque voglia costruire un personal brand forte e distintivo.